政府主导下的农地流转与农民收入分化研究
——以江苏省为例

诸培新 张 建 杨 子 著

科 学 出 版 社
北 京

内 容 简 介

政府干预市场的公平和效率问题是学术界和政策界关注的传统和热点话题。本书主要探讨政府干预农地流转市场的效率和公平性，进而揭示政府主导农地流转对农民收入及收入不平等的影响。本书选择农地流转市场较为发达的江苏省为实证研究的主要区域，综合采用理论分析、统计分析、计量模型、案例分析等研究方法，分别研究政府主导农地流转的主要模式和特征，政府主导农地流转对农业生产投资、资源配置效率、农民收入不平等和权益保护的影响，最后从公平和效率的角度提出促进农地流转的政策建议。

本书适合土地资源管理、农林经济管理等专业的研究生和研究人员参考阅读。

图书在版编目（CIP）数据

政府主导下的农地流转与农民收入分化研究：以江苏省为例 / 诸培新，张建，杨子著. —北京：科学出版社，2021.12

ISBN 978-7-03-066465-5

Ⅰ. ①政… Ⅱ. ①诸… ②张… ③杨… Ⅲ. ①农业用地-土地流转-关系-农民收入-研究-江苏 Ⅳ. ①F327.53

中国版本图书馆 CIP 数据核字（2020）第 204589 号

责任编辑：王丹妮 / 责任校对：贾娜娜
责任印制：张 伟 / 封面设计：无极书装

科学出版社 出版
北京东黄城根北街 16 号
邮政编码：100717
http://www.sciencep.com
北京捷迅佳彩印刷有限公司 印刷
科学出版社发行 各地新华书店经销

*

2021 年 12 月第 一 版 开本：720×1000 1/16
2021 年 12 月第一次印刷 印张：10 3/4
字数：216 000

定价：108.00 元

（如有印装质量问题，我社负责调换）

序

随着我国农村土地制度改革的深化，土地要素配置机制及其利益分配日趋成为“三农”问题学术研究和政策制定的焦点。农地制度改革的核心是农村土地资源市场化配置，其目的是建立权属清晰、流转顺畅和保护严格的农地流转市场化体系，提高农地经营权流转效率和资源配置效率，推动农业现代化进程，增加农民收入。纵观近十余年来的农村土地制度改革，农村土地资源配置方式演变中一个明显的现象是政府不加干预时土地市场发育滞缓，而政府干预后往往形成政府主导土地配置的局面。这一现象的本质是一些地方政府在土地资源市场化配置改革进程中未能真正领会“使市场在资源配置中起决定性作用和更好发挥政府作用”[①]这一改革精神要义，尚未有效理清政府与市场的边界。政府主导下的资源配置往往引发一系列问题，如政府越位与缺位、市场竞争度下降、农民土地权益受损等。因此，研究土地资源市场化配置进程中的政府角色定位，合理划清政府与市场边界有着重要的理论价值和政策意义。

诸培新教授主持的国家自然科学基金项目“政府主导下农地流转对农户收入不平等影响研究：作用机制与政策调控”（项目编号：71373128），以农地“三权分置”框架下政府主导的农地流转和规模经营为背景，以农地流转方式与农户收入变动为研究主题，基于农户家庭收入变化理论分析和农户调研的方式，构建了农户家庭收入模型，运用倍差分析法、夏普里值分解方法等工具评价农地流转对农户家庭收入结构及收入不平等的影响，揭示农地流转制度特征与农户间收入差距变化之间的作用机理，为农地流转制度优化及相关政策的制定提供理论依据。

课题组成员依托项目研究成果撰写了《政府主导下的农地流转与农民收入分化研究——以江苏省为例》专著，对政府主导农地流转模式的特征及其对要素配置、生产投资和收入分配的影响机制进行了系统研究。该书阐明了农地流转中的

① 资料来源：十八届三中全会公报《中共中央关于全面深化改革若干重大问题的决定》。

市场失灵和政府干预方式，深刻分析了政府主导农地流转模式下农户资源配置和收入变化机理，揭示了政府干预和农民自发流转两种土地流转模式下农民生产投资和生产效率的内在差异，评价了政府农地流转中介组织、农地流转补贴、行政命令等不同干预方式对农民收入不平等的影响，并基于街头官僚理论对基层政府的农地流转政策执行偏差进行了解释，最后根据农地流转市场失灵表现和类型提出了政府合理的干预边界。该书有以下几点特色。

第一，研究视角和思路上具有鲜明特色。以往许多研究先入性地假设农地流转是农民自发行为，是农民合理配置土地和劳动力生产要素而做出的理性选择。该书在对现实观察的基础上将农地流转市场按照政府干预与否进行了分类，对比分析了政府干预和农民自发两种流转模式下的农户资源配置方式和效率差异。建立了“农地流转模式—农业生产要素投入与生产效率—农户家庭资源配置和收入变动—农民土地权益保护—政策优化和制度设计”的逻辑思路框架，系统揭示了政府干预农地流转对农户收入不平等的作用机理及调控手段，拓展了农地流转的研究内容。

第二，研究方法上具有显著创新。不同于以往单一学科的分析方法，该书在对江苏省域内大范围农户和村庄调研的基础上，综合运用了农户经济理论、公共行政学的街头官僚理论、制度经济学的交易成本理论、计量经济学的经济模型，以及社会学的统计分析和案例研究法等理论和方法，对政府主导农地流转对农户资源配置决策和收入分配、土地股份合作制的要素配置和农户增收、农地流转中的农民土地权益保护等方面的影响进行了系统、规范的研究，取得了令人信服的结论。

第三，在研究结论上有新的发现。该书研究发现，政府主导农地流转并不是必然地加剧农户收入分化与不平等。相反，当政府在尊重农民土地流转意愿和市场资源配置规律的基础上，充分发挥其在流转市场建设、培育和监督等方面的作用，既能修正农地流转中信息不对称、交易成本高等导致的市场失灵，又能有效维护市场交易公平公正，实现有效率的农地流转和规模经营，在普遍性增加农民收入的同时有效降低农户收入间不平等，实现公平和效率的兼顾。其本质在于农地流转中正确处理好政府干预和市场配置之间的关系。

总之，该书通过科学的理论分析、广泛的田野调查和严谨的实证检验，为农村土地制度和农户经济研究贡献了很有价值的研究成果，为我国农地制度改革和政府公共决策提供了有效的经验借鉴。

随着我国农村土地制度改革进入深水区，许多理论和实践问题需要进一步探索。例如，如何以农村土地制度改革为抓手促进乡村振兴战略实施，城乡融合发展中的城乡土地制度与政策如何衔接，高质量发展背景下农村土地制度与政策如何创新等。希望作者在将来的学术生涯中能够继续对该领域开展深入研究，以丰富我国农村土地制度改革的理论和实践研究。

曲福田
南京农业大学公共管理学院博士生导师
中国土地问题研究中心主任
2020 年 12 月 26 日于南京

目　　录

第1章 导　论

1.1 问题的提出

1.1.1 研究背景

“三农”问题的核心是农民问题，农民增收又是核心中的重心。我国农业人口基数大，耕地资源稀缺，以家庭均分承包为基础的农地制度必然带来农地经营小规模、细碎化等问题。根据第三次全国农业普查，截至 2016 年底，全国户均土地经营面积只有 7.8 亩（1 亩≈667 平方米），在 2.3 亿户农户中，有 2.1 亿户耕地面积在 10 亩以下（韩俊，2018）。2016 年，按照 50 亩的土地规模经营标准计算，中国的规模经营农户只有 350 万户，仅占 2.3 亿户农户的 1.5%（张红宇，2018）。随着我国工业化和城镇化的快速发展，工业部门劳动生产率和劳动报酬快速增加，而农业部门由于农地小规模、分散化，不利于农地规模经营与农业现代化生产，制约了农民农业收入的提高。国家统计数据表明，2008~2016 年，我国农村居民人均经营性收入（主要为农业收入）的份额已由51%下降到38%，而同期农民非农业收入则增加了 2.7 倍，从人均 1 854 元增加到人均 5 022 元[①]。农业生产利润较低，导致许多滞留在农村的农民收入难以提高（Minale，2018）。在未来一段时间，农业生产效率提升和产量增加的幅度有限，依赖于国家补贴而增加收入也难以为继。因此，要增加农民收入，需要推进农业现代化，促进农业结构调整及规模经营，提高农业生产的比较收益。

农地经营小规模、细碎化等问题直接限制了农业生产中土地资源与先进生产技术和人力资本的结合，不利于农业现代化发展和农民增收。首先，不利于农业机械化推广。农地小规模、细碎化不利于农机作业，增加了农业生产中的机械成本。单个小农户农业生产的组织程度较低，生产时间安排与自家劳动力配置有很

① 资料来源：2009~2017 年《中国统计年鉴》。

大关系，农作物集中性较差，也不利于农业机械集中为小农户提供生产服务。其次，不利于先进的生产技术采纳。小农户以自给自足和粮食安全为目标，对先进技术的学习和采纳的动机较弱。多数小农以风险规避为主，不愿意承担采纳先进技术带来的风险损失。最后，不利于农业生产中人力资本素质的提高。农地流转滞缓时，人地相对固化，人的农业生产技能决定了土地资源配置效率。随着我国农业劳动力持续转移到非农领域及农村劳动力老龄化问题加剧，农业生产中人力资本素质在下降，不利于农业生产中人力资本素质的积累和提升。

分田单干可以解决农民温饱问题，但不能解决富裕问题。农地流转和规模经营有利于现代资本、技术和人才进入农业生产领域，促进农业产业结构调整，拓宽农业产业链条，提高农业附加值，有助于推动农业现代化。第一，农地流转为城市资本进入农业生产领域创造了条件，农业企业化、合作化经营成为可能。统计数据表明，土地流向专业合作社和企业的比例持续增加，从 2009 年的 17.6%上升到 2017 年的 32.5%（中华人民共和国农业部，2010，2019），合作社和企业两种规模经营主体迅速发展。农业规模化、企业化经营可以提高农业生产对市场需求的敏感度，及时调整种植业结构，并从初级阶段的农产品生产过渡到农产品加工和销售环节，提高农产品品牌价值，最终增加农业生产效益。第二，农地流转为农业生产人力资本素质的提升创造了条件。农地流转后更多土地与新型职业农民结合。新型职业农民是以农业为职业、具有相应的专业技能、收入主要来自农业生产经营的群体。相对于传统小农户，新型职业农民年轻化、受教育程度较高，采纳新技术和接受市场信息的能力较强。随着农地流向种田大户和家庭农场等新型职业农民，新型职业农民土地规模经营水平提高，农业生产要素投入量也随之增加，专业化农业生产成为主业。专业化农业生产由此带来的熟练度增加、技术水平提高、生产成本降低等优势必将提高我国农业现代化水平。

我国农地流转始于 20 世纪 80 年代，法律政策上先后经历了禁止、允许、依法规范、政府全面干预等阶段，逐步赋予农民相对完整的土地流转权利。家庭联产承包责任制成立之初，为巩固土地集体所有制的基础地位及稳定土地承包关系，国家禁止土地承包经营权转让、出租，农民无力经营或转营他业时需要将土地退还给村集体。随着工业化发展和乡村劳动力转向非农业部门，许多农民无力耕种土地，土地抛荒及兼业生产大量存在，私下里的土地转包、出租等也普遍发生，国家法律政策也在放开土地流转行为，并逐渐规范农村土地流转。1984 年中央一号文件指出，“也可以经集体同意，由社员自找对象协商转包”，1986 年颁布的《中华人民共和国土地管理法》明确提出，“国有土地和集体所有的土地的使用权可以依法转让”。然而，由于缺乏农地流转政策法规的规范，农民土地流转存在顾虑，参与农地流转的积极性并不高。农业部（现为农业农村部）的抽样调查表明，1992 年，全国转包土地的农户仅占承包土地农户总数的2.3%；1995 年，仅有 4.09%的农户转出土地，其中有 1.99%的农户转出了全部承包地（Deininger and Jin，2005）。

为推动我国农地流转市场的发展，提高农地流转和规模经营水平，法规政策逐步建立土地承包经营权流转机制，提出转包、转让、互换和入股等流转方式，并对农地流转加强指导和管理，如2005年颁布的《农村土地承包经营权流转管理办法》就流转当事人、流转方式、流转合同与流转管理等做出了具体规定，为农地流转提供了较为完整的实施细则。2007 年十七大报告首次提出要“健全土地承包经营权流转市场，有条件的地方可以发展多种形式的适度规模经营”①。从此，我国进入了政府主导下的农地流转新时期（于传岗，2012）。此后，围绕着农地流转中的政府职能、培育新型农业经营主体、农地“三权分置”改革等，中央出台了一系列文件。2008 年党的十七届三中全会、2008~2012 年连续四年的中央一号文件都提出政府要建立健全土地承包经营权流转市场这一目标，基层政府要加强土地流转中介服务，完善土地流转合同、登记、备案等制度。2013 年中央一号文件进一步提出要“规范土地流转程序，逐步健全县乡村三级服务网络，强化信息沟通、政策咨询、合同签订、价格评估等流转服务。加强农村土地承包经营纠纷调解仲裁体系建设”。在健全农地流转市场的同时，政策“鼓励和支持承包土地向专业大户、家庭农场、农民合作社流转，发展多种形式的适度规模经营”。为支持农地流转和规模经营主体发展，2014 年中央一号文件提出“有条件的地方，可对流转土地给予奖补”“允许财政项目资金直接投向符合条件的合作社”“鼓励地方政府和民间出资设立融资性担保公司，为新型农业经营主体提供贷款担保服务。加大对新型职业农民和新型农业经营主体领办人的教育培训力度。落实和完善相关税收优惠政策，支持农民合作社发展农产品加工流通”，文件从财政资金、贷款政策、税收政策、教育培训等方面提出扶持新型农业经营主体的具体政策措施。随着我国农地流转制度的建立和市场交易体系的逐步完善，农地承包经营权流转市场快速发展。2009~2017 年，全国土地流转面积占总承包地面积的比例从 11.93%上升到 36.98%，转出土地的农户比例从 12.82%上升至 31.16%（中华人民共和国农业部，2010，2019）。

在中央政府的鼓励下，地方政府为发展现代农业和规模农业，由基层政府和村委会直接推动以满足农业大户、合作社及农业企业等规模经营主体的用地需求。在此过程中，农地流转的参与主体、合同签订权、农地流转价格、规模等基本由基层政府或村委会决定，而农户则是被动地接受流转。本书将政府推动的农地流转称为政府主导型农地流转。政府主导农地流转的现象广泛存在。农业部课

---

① 胡锦涛在党的十七大上的报告（全文）. http://www.chinadaily.com.cn/hqzg/2007-10/25/content_6205616_5.htm，2007-10-25.

题组2009年的一项调研发现，全国11%的县（市）设立专项资金用于流转农地整理，5%的县（市）以专项资金补贴农地流转（农业部课题组，2009）。张建等（2016）于2014年在江苏省苏北地区两县的实地调研发现，政府主导下的土地转入比例占调研转入农户总数的26.8%，而高达78.7%的土地转出由政府主导完成。

由于我国农地流转市场尚不完善，市场机制还不能发挥其合理配置资源的作用，政府主导农地流转固然可以弥补农地流转市场失灵，降低规模流转的交易费用，实现农地规模经营需求，然而，政府主导农地流转容易出现政府行为的越位、缺位和错位等问题。胡亦琴（2008）认为，政府的“越位”是指政府管理的范围、层次和力度均超过合理界限，从而造成市场机制的紊乱。戴青兰（2010）将政府的“缺位”现象总结为四个方面，分别表现在土地流转的程序、监督、服务、相关政策等制度供给缺失上。包宗顺（2009）认为，农地流转中存在政府职能定位不当，土地流转间接成本较高；以行政手段强行干预，违背部分农民流转意愿，侵害农民权益等现象，这些表现是政府职能的“错位”。

农地流转为农户自由意志时，有效的农地流转市场有利于土地向生产效率高的农户流转，促进农村剩余劳动力转移，提高农民土地和劳动力资源配置效率，进而增加其收入。然而，在当前政府全面干预农地流转的情况下，农地流转和农民增收的关系是复杂的。政府干预下土地流转后农村劳动力未必能够实现劳动力转移（游和远和吴次芳，2010），农地流转可能不利于农户非农就业收入增加。政府干预农地流转的“强推力”可能促使农户家庭被迫进行劳动力转移，但由于就业技能没有改变，农户就业的质量不高（吴爱娣等，2018）。政府主导下农地流转规模过大，农地流转的经济效益可能低于自发流转的转入户（徐玉婷等，2016）。因此，弄清政府主导下农地流转与农民增收的关系及实现机制，对于划清农地流转中政府与市场的边界，优化农地流转政策设计，提高农民收入及保护农民土地权益等具有重要意义。

1.1.2 研究目标

本书综合采用理论分析、计量研究、案例研究等多种研究方法，围绕政府主导农地流转与农户收入分配的关系开展了系统的研究，包括政府干预农地流转的模式和特征，政府主导下农地流转对农户土地和劳动力资源配置效率的影响，政府主导下农地流转对农户生产投资的影响，政府主导农地流转对农户收入水平及收入不平等的影响，政府干预农地流转下农民土地权益保护等问题。最后，对农地流转中政府与市场的关系及其边界进行探讨，提出了促进农地流转市场发展、兼顾公平和效率的土地流转政策设计。

本书研究的具体目标包括以下三个方面。

（1）研究工业化、城镇化和农业现代化背景下，农村土地流转与农户收入增加和不平等程度变化之间的作用机制。

（2）揭示政府干预农地流转特征、组织形式、农户类型、农户家庭特征与农地经营行为、劳动力生产行为之间的相互作用机制及其对农户收入不平等的影响机理。

（3）提出基于农户收入增加、收入差距缩小和土地权益保护的农地流转政策设计，为制定有利于农村社会经济和谐发展的土地流转制度和促进农村劳动力转移、社会保障的公共政策提供科学依据。

1.1.3 研究意义

农业现代化转型时期，要实现农地规模经营、技术效率提升、农业增产及增收等，需要恰当地处理农地资源配置中政府与市场的边界及政府干预市场的公平和效率问题，而这一问题的解决又依赖于以下深层次理论问题的系统研究和科学回答。

（1）政府干预农地流转的原因、特征和组织形式是什么，对资源配置的公平和效率有何影响。

（2）政府主导农地流转作用下农户土地资源、劳动力资源重新配置的规律及其影响因素。

（3）政府主导农地流转作用下农户生产要素变动和重新配置对农户家庭收入变化及农户间收入差距变动的作用机制。

本书针对以上问题展开研究，重点关注当下农地流转实践中的热点问题——政府干预农地流转及其角色问题，揭示了我国土地制度下农地流转中农民与政府的关系，分析了政府干预农地流转的经济绩效，为界定农地流转中政府与市场的边界、规范政府干预行为、保护农民土地权益提供了理论依据。

1.2 国内外研究现状

农地流转是提高我国农地资源配置效率和实现规模经营的主要路径，农地流转市场发展及其效率受到学术界和政策界的广泛关注，是农业经济学和土地经济学研究的热点问题。现有文献主要从农地流转市场发育的影响因素，农地流转模式分类，农地流转与农户劳动力配置、农业生产投资、生产效率和农户收入的关系等方面进行了大量研究。

1.2.1 农地流转市场发育的影响因素

农地流转市场发育的影响因素研究主要从两个角度展开：一是影响农户农地流转行为的内在因素；二是影响农户农地流转行为的外在因素。内在因素可以概括为农户土地、劳动力等资源要素配置报酬变化引致的农户土地流转行为变化，包括农户禀赋特征、农户劳动力非农就业等（Kung，2002；Zhang et al.，2004；Huang et al.，2012；钟文晶和罗必良，2013；Z. X. Liu and L. M. Liu，2016）。外在因素则包括土地产权安全、交易费用、政府干预和相关市场发育等（Yao，2000；Kung，2002；Brandt et al.，2002）。

1. 影响农户农地流转行为的内在因素

农地流转的内生动力是由非农部门工资的增长引致的农业和非农业部门之间劳动力边际报酬差异带来的（Kung，2002；Deininger and Byerlee，2012）。农地经营规模小、机械化水平低，且传统农业滞留了大量剩余劳动力，这些过剩人口仅获得生存工资，却不增加农业产出（Lewis，1954），因此农业部门劳动力生产率较低。工业和服务业的发展为农村劳动力提供更多非农就业机会，农村劳动力转移到非农领域，滞留在农村的劳动力通过规模经营和专业化生产提高农业劳动力生产效率，最终均等化农业和非农业劳动力边际报酬。因此，非农就业是农户参与土地流转的重要原因。Kung（2002）基于中国6个省份1999年的农户调研数据证明，农户非农劳动力市场参与会减少土地租入数量，且农户非农就业决策外生于土地流转。然而，Feng和Heerink（2008）采用似不相关二元Probit模型，证明农户土地流转和劳动力转移具有相关性，农户决策时两者会相互影响。Huang 等（2012）使用中国 6 个省份 2000 年和 2009 年两期农户数据进行研究，发现非农就业显著促进了农户土地转出，但对土地转入影响不显著。

除了非农就业，农户其他禀赋特征对土地流转也有重要影响，但主要是通过影响劳动力在农业和非农业领域的配置效率差异进而影响土地流转。农户土地流转模型中，引入的变量一般包括劳动力数量、土地资源禀赋、家庭成员（或劳动力、户主等）年龄和受教育程度、农业资产价值等（Kung，2002；Zhang et al.，2004；Feng and Heerink，2008；Huang et al.，2012）。

2. 影响农户农地流转行为的外在因素

农地流转的外在因素包括土地产权安全、交易费用、政府干预和相关市场发育等。大量研究表明，土地产权不安全会抑制土地市场发育，阻碍农户参与土地流转。中国农村经常性的土地调整降低了土地产权安全性，农民土地流转面临土地调整的风险，因此土地调整会阻碍农户土地流转（Brandt et al.，2002）。土地流转市场缺乏时，土地调整是优化农户土地和劳动力资源配置的重要方式，因此，土地调整对土地流转市场具有替代作用（Yao，2000）。此外，土地产权不安全是农户选择亲戚、邻居等社会距离较近的对象进行交易的原因（Macours et al.，2010）。因此，各国政府为促进土地租赁市场发育，均实施保护农民土地产权安全的政策，如土地确权颁证项目。Kemper等（2013）基于越南农户调研数据的研究表明，越南的土地颁证项目促进了农村土地租赁市场发育。程令国等（2016）基于中国健康与养老追踪调查数据进行研究，发现2011年进行的新一轮土地确权提高了农户转入土地的概率和转入量，并显化了土地租金价格。马贤磊等（2015）基于中国农户调研，选择土地承包合同、土地流转合同和土地流转纠纷表征土地产权安全变量，发现土地承包合同和土地流转合同等产权安全变量均对农户土地流转参与有着显著的影响。

交易费用可能阻碍土地流转市场发育。由于交易费用概念的广度，在研究过程中存在界定交易费用难的问题。由于市场失灵是存在交易费用的原因，理论上影响市场失灵的变量均对交易费用产生影响，土地产权不安全、政府干预等变量均会影响农地流转交易费用，部分学者在研究时一般将交易费用作为中间变量引入理论模型（Deininger et al.，2008；吴鸾莺等，2014）。关于交易费用的直接量化，学者们进行了探讨。Zhang 等（2004）认为中国土地小规模、细碎化使得土地流转集中面临巨大的交易费用，因此，可以选择户均土地面积和土地细碎化等指标量化农地流转交易费用。Kimura 等（2011）认为搜寻和协商成本以及由于产权不安全而失去土地的成本是租赁市场的主要交易成本。李孔岳（2009）基于中国的农户调研分析了不确定性和资产专用性对农户参与土地流转交易费用的影响，发现农地流转合同没有进行公证、村干部对农地跨村流转的干预增加了农地流转过程中农户行为的不确定性，进而增加了农地流转的交易费用；实物资产专用性、人力资本专用性对农地流转的交易费用影响有限；农户行为的不确定性、政策的不确定性对农地流转的交易费用影响显著。因此，通过降低农地流转交易费用可以促进土地市场发育。例如，我国地方农地流转和规模经营实践中土地信托和土地股份合作社等降低了农户参与土地流转的交易费用（Zhang et al.，2004），政府和村集体完善土地流转服务，充当中介机构能够促进农户土地流转参与（Shi et al.，2018）。

农村土地、劳动力和资本要素市场相互影响，任意要素市场的完善都可以实现资源配置效率的改善（Kimura et al.，2011）。因此，农村劳动力和资本市场的完善也会促进土地要素市场发育。农村劳动力市场包含农村劳动力非农就业市场和农村雇佣劳动力市场（Shi et al.，2007）。关于农村劳动力非农就业对土地流转市场影响的研究较多，而关于农村雇佣劳动力市场发育对土地流转市场的影响的研究相对较少。理论上，农村劳动力市场发育较好时雇佣劳动力替代自家劳动力从事农业生产的效率损失更小，农户通过雇佣劳动力扩大农业生产规模的动机更强，土地流转面积更大。雇工成本较高时，农户自家劳动力有限，规模经营能力也会受到限制。关于信贷市场对农户土地流转的影响。Kochar（1997）分析认为，如果农业资本投入价值超过政府金融信贷成本时，正规金融信贷将会影响农户生产；反之，资本的边际产出小于正规信贷成本时，信贷约束对生产没有影响。理论上，降低农户信贷成本有利于增加农业资本投入。然而，基于印度的实证研究，并未证实信贷对农户土地转入具有显著影响。劳动力和资本要素市场完善还可以弱化土地的就业和社会保障功能，促进土地市场发育。此外，粮食市场的完善也有助于弱化土地对农户的粮食安全功能，因为土地是农民抵御粮食价格波动、保障食品安全的重要生计资源（Brandt et al.，2002）。

影响农地流转的政府干预政策包括粮食政策、补贴和土地流转规制等。Kung（2002）研究发现，中国粮食收购政策会降低土地的边际回报，减少农户非农劳动力供给，因而减少土地市场的供给和需求。Deininger 和 Byerlee（2012）考察拉丁美洲等多个国家大农场形成的原因时发现，大农场往往是由政策干预或市场失灵产生的，而不是生产设施、技术创新和产权变革带来的。Deininger 等（2008）研究印度废除中介机构、对土地持有量施加限制及租赁合约（限制租金和租期）调节等制度改革对土地租赁市场的影响，发现土地制度改革对土地市场的政策限制会增加交易成本，并减少有效率的租赁活动。

1.2.2 农地流转模式分类

现有文献从农地流转的法律界定、流转的特点、流转的范围及地方土地流转实践等角度对农地流转模式进行了总结。杨德才（2005）按照土地使用权流转和土地利用情况将农地流转划分为出租、转包、转让、互换、代耕、土地股份合作制等模式。易小燕等（2009）按照农地流转的规模将农地流转分为分散流转模式和集中流转模式。农户之间小规模的出租、互换、转包、转让土地现象属于分散流转模式，而大规模的返租倒包、由村集体操作完成的股份合作社、“四荒”使用权拍卖、集体经营农场等属于集中流转模式。此外，学者们在对不同地区农地流转实践进行总结的基础上，提出了更加详细的农地流转模式分类。

1. 按照农地流转市场化程度划分

诸培新和张建（2015）将农地流转分为农地非规模流转和农地规模流转两

类，农地非规模流转以农户之间土地转包、出租、互换为主，是非农户防止农地弃耕抛荒而将土地流转给其他村民或方便农地耕作而诱发的一种农地流转形式。农地规模流转的组织形式有村委会推动的整村流转，股份合作社、专业合作社和工商资本等带动的规模化流转等，这种农地规模流转的面积大，合同期限长，市场化程度更高。董国礼等（2009）基于对各地土地流转模式的观察从产权代理的角度总结出三种模式，即私人代理、政府代理和市场代理。私人代理模式是以农民为主体的土地流转，主要发生在四川、安徽等地区；政府代理模式下政府是土地产权实际的代理人，控制了土地流转过程，这种模式主要发生在江苏、山东等地区；市场代理模式发生在土地市场程度较高的上海、浙江等地区。

2. 按照政府和村集体参与农地流转方式来划分

王俊沣和伍振军（2011）根据政府参与农地流转市场的不同情况，将农地流转模式分为政府扶持市场参与主体、政府扶持需求主体和政府扶持流转中介组织三种模式。其中，浙江省属于政府扶持市场参与主体的模式，这种模式要求流转市场基本建立，市场主体对土地流转的需求旺盛；四川省、重庆市等属于政府扶持需求主体的模式，土地流转市场的特点是初步建立但仍然不完善，需要政府以一定的方式激励市场主体的需求；安徽省、黑龙江省等地缺乏市场化的土地流转平台，属于政府扶持流转中介组织的模式。崔明明和常伟（2012）将政府参与农地流转区分为间接参与和直接参与。政府通过相关制度的供给实现农地流转的间接参与。政府直接参与的方式包括引入工商资本参与土地流转，出台鼓励政策或者采取补贴等，以推动农地流转项目的实施，并介入农业生产经营活动。曾福生和唐浩（2010）按照农地流转主体的不同，将农地流转模式划分为三种。第一种是以农户为流转主体的农地流转模式，包括转包、出租、转让、互换、抵押、继承等；第二种是以集体为主体组织的土地流转，包括两田制、反租倒包、“四荒”使用权拍卖等；第三种是由农户和集体共同主导的农地流转模式，主要是股份合作制。杨玉敬（2013）深入地研究了集体主导型土地流转的几种模式：纯集体主导型农地流转是指村集体以其强大的组织力量主导了土地流转的协商、谈判、联系等各个环节；准集体主导型中村两委直接参与农地流转组织、协商、收益分配等环节，但是农民也有适当的参与权利；服务式集体主导型模式中村集体不直接干预农地流转，而是负责信息发布，指导合同签订，加强合同监管等服务。

3. 政府主导型农地流转模式

政府主导农地流转的现象广泛存在。张正河（2009）及其学术团队长期观察发现，全国各地基层政府和村委会都广泛介入农地流转过程中，2004 年，山东省和江西省由政府主导的土地流转比例分别占 40%和 12.1%，由村集体操作的土地流转更是占很大比例。叶剑平等（2010）于 2008 年组织的 17 省份农村土地调查数据显示，农地流转由村干部决定的占 28.5%，集体出租土地的村占全部被调查村的 32.7%。诸培新等（2011）对江苏省土地流转影响因素的计量分析发现，村集体充当中介作用对农户参与土地流转有显著影响，其中存在着村集体强制流转现象。关于政府主导型农地流转的界定，于传岗（2012）认为，政府以其领导权威，强制主导土地流转的方式统称为政府主导型农地流转。刘鸿渊（2010）将政府主导型农地集体流转界定为通过政府建立流转平台，由农业大户或农业公司等主体采用规模化、产业化和市场化运作，提高农业经营效益，并使农户分享到规模化、专业化经营的好处。政府主导农地流转的原因如下：第一，地方政府对农地流转的主导源于相关法律法规的缺失。我国法律对农地产权界定不清，村集体或村干部成为农村产权的实际代理人，农民对土地的自主性仍然很小，表现在土地流转上就是政府对农民土地流转行为的限制（董国礼等，2009）。第二，农地承包经营权是不完整的用益物权，法律规定承包权不得用于抵押，转让时须经发包方同意，承包人权利的实现受到村集体强有力的控制（王月春，2012；徐旭等，2002）。村委会代理了土地各项权利，实际掌握农地的所有权。在现行制度下，村集体作为政府意志的执行者，同时控制着土地处置权（何晓星，2005），因此完全可能为了实现农地规模经营的目标而组织大规模的土地流转。

1.2.3　农地流转的经济绩效研究

1. *农地流转与农户家庭劳动力配置*

土地资源是农户家庭重要的生产和资本要素，土地禀赋及其配置方式对农户劳动力在农业和非农业领域的配置决策具有重要影响。有许多文献关注了土地分配不均对农户家庭成员劳动力转移的影响。Adams（1999）基于相对贫困理论对埃及农户的实证研究发现，土地的不平等分配促进了农户劳动力转移，土地资源禀赋稀缺的农户难以依赖农业收入维持家庭生计，劳动力不得不参与非农就业以满足家庭消费需求。Bhandari（2004）从农户的相对贫困感的角度解释土地禀赋稀缺对家庭劳动力转移决策的影响，以尼泊尔农户家庭为对象进行调查分析，发现土地禀赋稀缺的农户相对贫困感更强，进行劳动力非农转移的概率更大。Yao（2001）以中国农户家庭为调查对象进行研究，发现农户土地禀赋与家庭非农劳动力转移呈 U 形关系，即土地禀赋中等的家庭成员劳动力转移的概率更大，土地稀缺或土地拥有量较大反而不利于农户参与劳动力转移。陈会广和刘忠原（2013）基于南京市外出务工人员的调查研究实证分析了农户家庭土地承包经营权禀赋对农民工劳动力转移行为和意愿的影响，发现丰富的土地禀赋对外出务工人员留在城镇就业的意愿具有显著负向影响，即丰富的土地资源禀赋不利于外出务工人员劳动力转移。

关于农村劳动力转移和农村土地流转的关系研究，多数学者认为劳动力非农转移对农户参与土地流转具有很大影响。一般而言，农民劳动力转移到收入更高的非农业部门，损失了从事农业生产的劳动力，因此把土地流转出去（Kung，2002；谭丹和黄贤金，2007）。当然，也有研究认为农地流转对农户家庭成员劳动力转移具有反向作用（Kung，2002；Feng and Heerink，2008；Liu et al.，2017），如 Liu 等（2017）对通过土地股份合作社流转土地的农户进行研究，发现土地转出对户主非农就业的促进作用存在异质性，估计结果表明土地流转仅对存在剩余劳动力的农户和地区经济发达程度较低的农户转移劳动力有显著促进作用。Feng 和 Heerink（2008）、杜鑫（2013）均发现农户土地流转与劳动力转移具有相关性，农户土地流转参与决策也会影响劳动力转移决策。Shi 等（2007）基于江西省的农户调研发现，土地转出对农户外出就业具有显著的正向影响，然而该研究并未控制模型内生性问题。为避免内生性问题，田传浩和李明坤（2014）选择村级土地流转市场合约稳定性与市场交易规模变量，研究农地流转对农户劳动力转移的影响，发现稳定的合约和交易量均有利于农户非农劳动力转移。然而，在当前政府大规模干预农地流转的背景下，也有研究认为农地流转对农村劳动力的转移效应依赖于地区工业化进程加快、农地禀赋拥有量降低和农村社会保障制度的完善等（游和远和吴次芳，2010）。马贤磊和曲福田（2010）基于江西省农户调研数据采用二元 Probit 模型估计了农户非农转移和土地转出的联合决策行为，发现农户两种决策不存在显著关系。农民土地转出后，劳动力可能赋闲在家，劳动力转移的机会则与农民的非农就业能力和市场环境相关。

2. 农地流转与农户农业生产投资

许多学者的研究都证实了土地产权安全有利于农户农业生产投资（Arnot et al.，2011；Beekman and Bulte，2012；Qin and Xu，2013）。农地流转权作为农地产权体系中的重要部分，包括土地的销售、出租、抵押、赠与等相关权利（Besley，1995），农地流转权的实现也有利于农户农业生产投资，提高农业生产效率（Brasselle et al.，2002）。我国农地属于集体所有，禁止任何形式的土地买卖，因此，土地流转权利表现为农地租赁权。土地产权对农户生产投资的激励作用包含三个效应，即担保效应、抵押效应和实现效应（Beekman and Bulte，2012）。担保效应是指土地产权安全为农户得到未来的投资回报提供了担保，稳定了农户预期；抵押效应是指土地产权安全为土地实现抵押提供了可能，有利于解除农户生产投资的信贷约束；实现效应是指通过土地流转可以兑现在土地上的投资，实现农户土地投资价值，激励农户生产投资。农地流转对农户生产投资的效应主要表现为担保效应和实现效应。Carter和Yao（1999）对土地使用和流转的一系列权利进行赋分，得出土地流转权利能够使得不同类型农户之间要素价格均等并解决资源配置无效的问题。Qin 和 Xu（2013）根据权利类型将林地使用权划分为强、中、弱，研究认为林地使用权程度越强，农户对林地的生产投资积极性越高。在研究土地产权与农地投资的相关文献中以农地流转权利测度产权的文献还有 Deininger 和 Jin（2006）、Hayes 等（1997）、Place 和 Hazell（1993）等。农户拥有土地流转权利时，其对土地的生产投资可以通过转移土地权利得到价值实现。农户的生产投资包括长期投资和短期投资。长期投资如灌溉设施、有机肥、种树、休耕等（Smith，2004），这类投资有助于改善土壤质量，保护资源环境；短期投资在一个农季内就可回收，主要是对化肥等生产性资料的投入。土地产权安全对农户长期的生产投资效应已经被许多学者证实，然而，土地产权对农户短期投资如化肥投入的影响研究结果是不确定的，Beekman 和 Bulte（2012）基于非洲中部布隆迪的农户数据研究发现，土地产权安全使得农户采取以有机肥替代化肥的策略，会减少化肥的投入。然而，Feng 等（2010）基于中国江西省的农户研究发现，农户在转入的地块上投入更多的化肥，有利于增加当期的土地产量。

3. 农地流转与农业生产效率

一般而言，农业生产效率可以划分为土地生产效率、劳动力生产效率、全要素生产效率和技术效率等。现有文献主要对农地流转与农户土地生产效率和劳动力生产效率的关系进行研究。由于工业和服务业吸纳劳动力就业的能力有限，传统农业滞留了大量剩余劳动力，这些过剩人口获得生存工资，却不增加农业产出（Lewis，1954）。因此，平均到每个劳动力的农业产出水平下降。当土地可以自由流转时，农户转入土地，剩余劳动力可以与更多的土地结合，从而提高劳动力生产效率（Zhang，2008；Zhang et al.，2021）。因此，土地流转提高劳动力生产效率存在的前提是，农业生产中存在剩余劳动力，土地和劳动力未能实现最优结合，而随着土地要素投入的增加，劳动力要素得到充分利用，农业生产实现帕累托改进。此外，许多学者的研究表明，农地流转市场有利于优化农户资源配置效率，促进土地流向生产力较高的农户，提高农业生产效率（Deininger and Jin，2005，2009；Deimnger et al.，2008）。

4. 农地流转与农地规模经济效益

农地规模经济效益是指在技术水平、劳动力和资本要素投入不变的情况下，随着农业生产中土地投入增加，农业生产的效益提升或成本降低。由于农地产权主体不明晰、权能不充分，农地流转面临着较高的交易费用，降低了农地流转绩效。例如，中国农村经常性的土地调整降低了农地产权安全性，阻碍了农地租赁市场发育（Kung，2002；Brandt et al.，2002；钱忠好，2002）。农户自发的土地流转难以解决土地细碎化问题，无法实现农地规模经营（田传浩，2003；田传浩等，2005；钟甫宁和王兴稳，2010）。因此，政府往往通过政策干预农地流转市场来实现农地规模经营。例如，通过土地立法、土地确权颁证等措施提高农地产权安全（Deininger and Jin，2009；Deininger and Feder，2009），促进农地流转市场发育；以行政命令、财政补贴等干预农地流转市场，实现规模经营（张建等，2016）；通过农地股份合作制创新，提高农户参与土地流转市场的组织化程度，降低农地产权交换的交易费用，促进规模经济效益的实现（Ito et al.，2016）。田传浩等（2005）基于苏浙鲁的农户研究表明，农户自发交易面临着较高的成本，对耕地细碎化的影响是不显著的，而村集体介入农地流转可以降低交易费用，显著降低土地细碎化程度。张建等（2016）研究政府干预下的农地流转对农户农业生产效率的影响，发现政府主导下的土地转入户农业生产效率要高于农户自发的土地转入户，原因是通过政府平台完成的土地流转更容易实现农地规模经营。当然，政府不恰当的市场干预可能阻碍农地流转，降低农业生产效率。例如，20 世纪 80 年代印度实施的土地租赁管制严重制约了农地流转市场的发展，阻碍了农地流转市场效率实现（Deininger et al.，2008）。由于农地经营规模超过临界点会出现规模报酬递减现象，政府过度干预农地流转和规模经营也会降低农业生产效率。

5. 农地流转与农户收入分配

农地流转与农户收入之间的关系受到广泛关注，研究结论并不一致。Zhang（2008）利用浙江的调研数据估算出农户土地面积增加 1%可以增加 0.79%的家庭农业收入。Jin 和 Deininger（2009）对 2001~2004 年中国 9 个农业大省的 8 000 个农户数据进行 OLS（ordinary least squares，普通最小二乘法）估计，分析了土地流转对农户人均收入分布的影响，研究结果表明，不论是转入还是转出土地，农户收入都有所增加。李庆海等（2011）根据农业部农村固定观察点 2003~2009 年 10 个省份 817 个农户数据，利用 Biprobit 模型估计土地流转的福利效应，发现土地流转能够提高农户福利水平。此外，薛凤蕊等（2011）和李中（2013）通过双重差分（difference-in-difference，DID）模型对比了内蒙古自治区鄂尔多斯市和湖南省邵阳市参与土地流转农户的收入变化，结果表明参与土地流转的农户收入水平明显提高。这些研究说明，随着土地流转、农地经营规模扩大、土地利用效率提高，土地流转的收入效应得到发挥。然而，一部分学者认为农地流转对农民收入的影响是复杂的。刘鸿渊（2010）理论分析政府主导下的农地集体流转，认为政府主导下的农地流转并非总是有效并增加农民收入，要考虑农民自身的差异和现实条件，包括农地规模经营能否化解农业生产风险、转出农民劳动力能否有效转移等因素。许恒周和郭玉燕（2011）以江苏省南京市农户调研数据为例，采用协整方法分析农地流转与农户非农收入的关系，结果表明，短期内农地流转对农户非农收入影响程度较弱，长期影响较强。杨渝红和欧名豪（2009）利用统计数据研究发现，土地经营规模较小或较大的农民拥有较高的人均纯收入，即土地经营面积与农户收入呈现 U 形关系。Khan（1993）研究发现，农户土地经营面积的增加对农户家庭收入的影响并不显著，每增加一亩土地仅能为中国农户家庭农业收入增收 1.18 元。曹瑞芬和张安录（2015）利用湖北省 313 个农户数据，运用多元线性回归模型估计土地流转的收入效应，发现土地流转能够显著提高转入户的收入水平，对转出户家庭收入没有显著影响。

另一些学者关注了土地流转能否改善农户的收入分配公平，研究结论也存在较大差异。Deininger 和 Jin（2005）认为，若土地市场是有效率的，年迈的或已经转移到非农部门的农民能够流转土地获得财产性收入，持续种田的农户能够扩大土地规模提高经营性收入，而这个收入与从事非农生产的农户收入水平相当，那么土地流转将会缓解收入不平等。与此相似的是 Zhang（2008）、韩菡和钟甫宁（2011）的研究结论，他们分别根据各自的农户调查数据进行分析，发现土地流转有利于改善农户间收入不平等状况。但邢鹂等（2008）、朱建军和胡继连（2015）基于农户调研的数据研究表明土地流转加剧了农户收入分配不平等。

事实上，在现行工商资本和外来资本大规模加入农地流转的背景下，有可能会产生农地流转后的规模收益与农户收入之间的关系割裂的状况，导致农地流转与农户收入增长无关。与此同时，大量土地转出户剩余劳动力能否有效转移到非农领域，也对农户收入有着很大影响。

1.2.4 文献述评

现有文献从农地流转市场发育的内在机理和规律、农地流转的经济绩效等方面进行了大量研究和讨论，从研究内容、研究方法上具体可以总结为以下两点。

研究内容上，现有研究全面剖析了农地流转的内涵和外延、农地流转的制度特征、市场发育的影响因素，并从经济社会和政治等角度全方位揭示了农地流转所蕴含的人地关系理论命题，为指导我国农地流转市场发展政策的制定提供了建议；研究方法上，农地流转问题的研究充分运用了经济学、管理学和法学等学科及其交叉学科的知识，重点采用了农户经济学、制度经济学、计量经济学、案例分析法及价值分析法等，充分揭示了农地流转问题的理论规律，并进行了严格规范的实证检验。

1.3 研究的逻辑框架和研究内容

1.3.1 逻辑框架

本书的研究逻辑主要是围绕农地流转中政府与市场的关系、政府主导农地流转与农户资源配置效率、政府主导农地流转与农户生产投资效率、政府干预农地流转与农户收入分配等几个部分。

图 1-1 是本书的逻辑框架图，介绍了本书的逻辑思路。

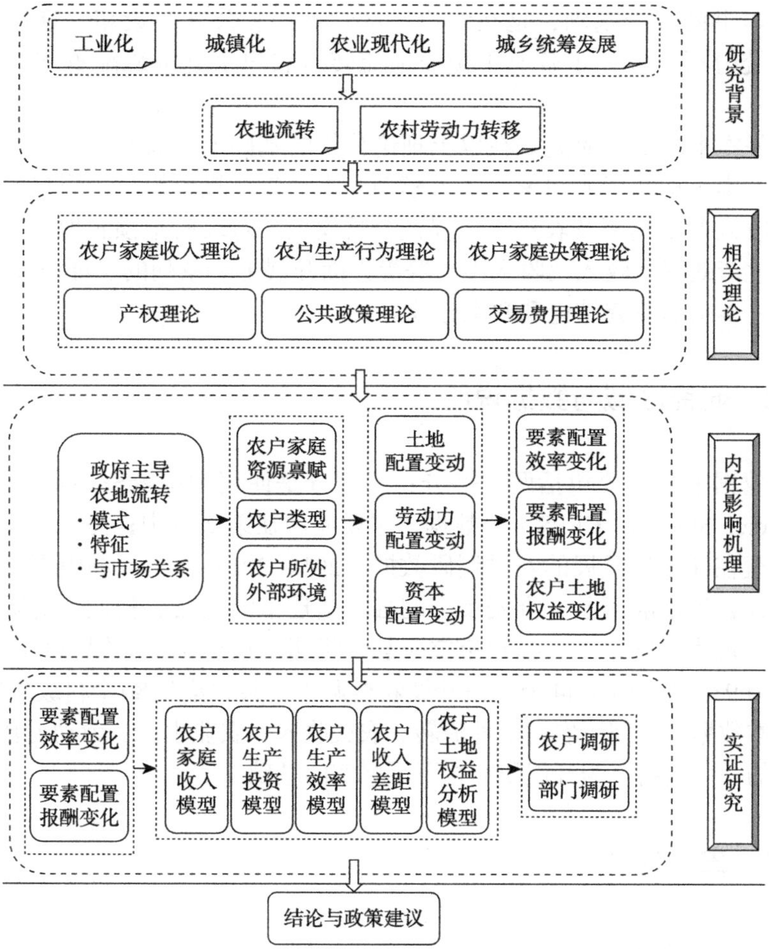

图 1-1 本书的逻辑框架图

第一是研究背景介绍，在快速工业化和城镇化的过程中，国家城乡融合发展的目标要求政策上关心“三农”问题，着力提高农业现代化水平，实施城市反哺乡村的战略。在这一进程中，农地承包经营权流转和农村劳动力转移是农村市场发育的重要表现。在这一背景下，本书着重研究农村土地流转市场发展、政府干预问题及其资源配置效率。

第二是研究中用到的相关理论，农户层面的理论包括农户家庭收入理论、农户生产行为理论、农户家庭决策理论，公共政策和制度经济学方面的理论包括产权理论、公共政策理论和交易费用理论。这些是本书理论分析和实证研究的基础。

第三是本书的内在影响机理，内涵是政府干预农地流转过程中农户土地、劳动力和资本要素配置变化及其报酬，进而对农户收入及收入不平等产生影响。这一部分是本书的理论基础，是在农户经济学理论和公共政策相关理论的基础上进行的系统分析，以揭示政府干预农地流转对农户家庭资源配置和收入的影响机理。

第四是本书的实证研究。在以上理论分析的基础上，通过江苏省村庄调研和农户调研，本书构建了农户家庭收入模型、农户生产投资模型、农户生产效率模型、农户收入差距模型及农户土地权益分析模型，对政府干预农地流转对农户生产投资、生产效率、收入及收入不平等等方面开展了一系列的实证研究。

第五是本书的研究结论和政策建议。

1.3.2　研究区域与数据说明

本书数据来源主要包括两个部分：一部分是使用中国家庭追踪调查（China Family Panel Studies，CFPS）的数据，主要应用在第 2 章中；另一部分研究主要用到课题组在江苏省开展的农村调研数据。2014~2017 年本课题组围绕课题研究在江苏省连云港市灌云县、淮安市金湖县、宿迁市泗洪县、盐城市射阳县、南通市海安县（现为海安市）、扬州市宝应县、扬州市仪征市、无锡市宜兴市和苏州市张家港市 9 个县（市）44 个乡镇开展农村调研，共收集到 80 个村级数据和 1 953 个农户样本数据，掌握了农村土地流转、农民收入、农业生产、劳动力转移等社会经济发展的一手资料，为开展研究打下了坚实的基础。

1.3.3　主要内容

本书主要包括五个部分。

第一部分是本书的第 1 章，是本书的理论支撑和统领，涵盖了当前我国农地流转与农业生产收入现状、相关综述、政府干预农地流转与农户资源配置研究的理论框架。

第二部分是本书的第 2 章，研究农地流转对农户收入的影响。此部分是一般的农地流转与农户收入的分析，尚未将农地流转按照政府与市场的关系区分为不同模式，这部分研究有助于读者更好地理解农地流转影响农户收入的基本规律。

第三部分是本书的第 3 章，主要介绍农地流转中的政府干预与流转模式。这一部分深入探讨了当前我国农地流转中市场失灵的表现及政府干预农地流转市场的动因，指出了农地流转中政府与市场的边界。这部分起到承上启下的作用，将前后文有效地联结起来。

第四部分包括第 4 章到第 10 章，是本书的核心章节，围绕政府干预农地流转对农户资源配置效率和土地权益的影响这一主题进行了一系列的探讨，包括政府干预农地流转对农户长期生产投资及农业生产效率的影响（第 4 章和第 5 章），政府干预的一种特殊形式——土地股份合作制度对农户收入的影响（第 6 章），政府干预农地流转对农户收入和资源配置的影响（第 7 章），政府主导和农户主导型农地流转对农户收入影响的差异分析（第 8 章），政府干预农地流转对农户收入不平等的影响分析（第 9 章），农地流转政策执行偏差与农民土地权益保护问题（第 10 章）。

第五部分是本书的第 11 章，是对本书的总结，阐述了本书对我国市场经济发展过程中政府与市场关系的探讨和反思，从农户效率这一微观角度探讨了政府干预市场的资源配置效应，在研究结论的基础上，对农地流转过程中政府与市场边界的划定提出了相应的政策建议。

1.4 本章小结

首先，从农业现代化、农民增收、农地流转中政府与市场的关系等方面提出本书重点关注和要解决的问题，即政府干预型农地流转的特征，农地流转对农民农业生产和资源配置效率的影响，政府干预农地流转对农民收入和收入不平等的影响，政府干预农地流转过程中农民权益保护问题及政府行为规范等。其次，对农地流转、政府干预、农民收入等核心概念进行了界定，并从农地流转市场发育的影响因素、农地流转模式和特征、农地流转对农民的社会和经济绩效的影响等方面详细介绍了国内外的研究进展。最后，介绍了本书的研究体系和研究思路，起到提纲挈领的作用。

第2章 农地流转与农户收入变化

改革开放以来，随着家庭联产承包责任制的实施，我国农村居民的收入整体提高。但是进入20世纪80年代中期，家庭联产承包责任制改革效应逐渐下降，农民收入增长缓慢并呈现不稳定和非持续性态势，与之相伴的农村内部收入差距也在不断扩大，农村居民的基尼系数从1978年的0.22上升到2011年的0.39，30年间增长超过了50%（国家统计局住户调查办公室，1979，2012）。高度平均的土地分配以及随人口变动频繁进行的行政性调整严重影响了地权稳定性和耕作效率，阻碍了农地适度规模化经营和农业现代化发展，农民收入增长缓慢，收入分配持续恶化。近年来，土地流转作为一种新的土地资源配置方式得到快速推广运用，也被政府部门和较多学者寄予厚望（Kimura et al.，2011；Huang et al.，2012）：希望通过土地流转促进农地集中和规模化经营，进而促进农业发展和农民增收，缓解收入差距。然而，现行政策体系下的土地流转能否显著增加农民收入，达到缩小农村内部收入差距的目的，现有研究并未得到一致结论（朱建军和胡继连，2015；陈飞和翟伟娟，2015；曹瑞芬和张安录，2015；韩菡和钟甫宁，2011）。本章利用2010年中国家庭追踪调查的数据，以农户家庭收入水平为主要研究对象，探讨土地流转与农民增收、农民收入差距间的关系，验证土地流转对农户家庭收入的影响，为土地流转的收入效应研究提供新的证据，并对完善和优化土地流转政策提供实证支撑。

2.1 倾向得分匹配模型构建与数据说明

2.1.1 模型设定

1. 倾向得分匹配

倾向得分匹配法是一种非参数法，该方法通过构建一个反事实框架进行数据分析，在解决选择性偏差问题方面具有较强的可行性和科学性（陈飞和翟伟娟，2015；Mendola，2007；Becerril and Abdulai，2010；冒佩华和徐骥，2015）。由于是否参与土地流转是由农户自己决定的，存在样本选择偏差，若忽略该问题直接对方程进行估计，则会造成估计结果有偏。倾向得分匹配法能够通过匹配再抽样的方法使观测数据尽可能接近随机实验数据，在最大程度上减少观测数据的偏差，因此倾向得分匹配法可以更准确地估计土地流转的净收入效应。

本章假定农户家庭收入水平是参与土地流转及协变量（控制变量）的函数：

$$Y_i^D = F^D\left(X_i\right) + \varepsilon_i^D,\quad D = 0,1 \tag{2-1}$$

其中，Y_i^D 表示农户 i 在土地流转状态 D 下的农户家庭收入（人均总收入、非农收入、农业生产纯收入）情况，农户家庭收入是一系列协变量 X_i 的函数，协变量 X_i 包括家庭决策者特征、家庭特征及村庄特征。D 表示农户参与土地流转的情况，D=1 表示参与土地流转，D=0 表示未参与流转。ε_i^D 为残差项。

根据 Rosenbaum 和 Rubin 定义的反事实分析框架，定义农户 i 参与土地流转的处理效应，即平均处理效应（average treatment effect on the treated，ATT）：

$$\text{ATT} = E\left(Y_i^1 - Y_i^0\right) = E\left(Y^1 \middle| D = 1\right) - E\left(Y^0 \middle| D = 1\right) \tag{2-2}$$

其中，Y_i^1 表示农户 i 参与土地流转时的收入水平；Y_i^0 表示农户 i 不参与土地流转时的收入水平；ATT 表示流转户参与与不参与流转条件下的收入差值，即土地流转对农户收入水平的净效应。然而如果农户 i 参与土地流转，则只可观测到 $E\left(Y^1 \middle| D=1\right)$，无法观测到 $E\left(Y^0 \middle| D=1\right)$，可以利用倾向得分匹配法构造 $E\left(Y^0 \middle| D=1\right)$ 的替代指标。

倾向得分匹配法的基本思路如下：在未流转农户样本（控制组）中找到某个样本 j，使样本 j 与流转农户样本中（处理组）样本 i 除参与土地流转情况不同外，其他特征尽可能相似，即两个样本具有可比性，因此可将两个样本的收入水平近似认为是同一个体的两次不同实验（参与和不参与土地流转）结果，收入水平的差值则为土地流转的净收入效应。具体估计过程主要包括四步：第一，将农户依照参与土地流转与否分为处理组（D=1）和控制组（D=0）。第二，在给定协变量 X_i 的条件下，估计每个样本农户选择土地流转的条件概率 $p_i = p\left(X_i\right) = \text{prod}\left(D = 1 \middle| X_i\right)$，即倾向值得分。第三，找到控制组的某农户 j，使农户 j 与处理组的某农户 i 的可观测变量取值尽可能相似，即 $X_i \approx X_j$。在理论上存在多种匹配方法，且匹配结果是渐进等价的，因此，本章选择采用最近邻匹配法。第四，根据匹配的样本估计平均处理效应。在使用倾向得分匹配法之前，要满足两个假定：①可忽略性假设。在控制了 X_i 后，农户家庭收入水平将独立于农

户是否参与土地流转。②共同支撑假定。保证处理组农户与控制组农户的倾向得分取值范围有相同的部分。当满足了以上两个假定后，可以说匹配后未参与土地流转的农户收入 $E\left(Y^0 \middle| D=0\right)$ 可近似代替参与土地流转农户不参与土地流转的收入 $E\left(Y^0 \middle| D=1\right)$。

2. 基于回归的夏普里值分解

为了能够量化土地流转对农村内部收入不平等程度的贡献，本章应用Shorrocks和Wan基于回归的夏普里值分解方法（万广华，2006）。该方法适用于任何收入决定函数和任何度量收入差距的指标，并且能够很好地处理常数项和残差项对收入差距的贡献的问题。

第一，设定农户收入决定方程，回归方程具体形式如下：

$$\ln Y_i = \alpha + \sum \beta_i W_i + \vartheta_i \tag{2-3}$$

其中，$\ln Y_i$ 表示农户家庭人均总收入的对数；W_i 表示影响农户家庭收入的自变量，是经倾向值匹配的协变量 X_i 筛选后的变量。变量筛选主要基于以下几点：①造成农村收入差距的因素主要分为外部环境因素和家庭自身因素两方面，主要有地理区位因素（万广华，2004）、物质资本（高梦滔和姚洋，2006；许庆等，2008）、人力资本（万广华等，2005）、社会网络资本（赵剑治和陆铭，2009）。式（2-1）和式（2-2）中自变量的选择通常是用来筛选处理组和控制组的样本，而收入决定方程不需要过多的控制变量。②由于使用的分解方法涉及许多轮的运算，每增加一个变量，程序的运算量将呈几何级数增长，当变量超过10个时，则运算量过大无法得到结果（赵剑治和陆铭，2009），因此，为了简化计算，在分解时的收入方程中仅选择关键的自变量。

第二，将收入差距的计算指标运用到该方程的两端，从而得出各自变量对收入差距指标的贡献度（Shorrocks and Wan，2005）。由于收入决定方程使用的是半对数模型，在分解时需要改写收入变量 Y_i 的决定方程，即方程两边取指数，得到待分解的方程为

$$Y_i = \exp\left(\hat{\alpha}\right) \cdot \exp\left(\sum \hat{\beta}_i W_i\right) \cdot \exp\left(\hat{\vartheta}\right) \tag{2-4}$$

其中，$\exp\left(\hat{\alpha}\right)$ 是一个常数项，当运用收入差距分解时，把它从方程中去掉不会产生任何影响。残差 $\exp\left(\hat{\vartheta}\right)$ 的影响可用农户家庭初始收入 Y_i 的收入差距与假设 $\exp\left(\hat{\vartheta}\right)=0$ 时的收入 $\hat{Y}_i$ 的收入差距之差表示，残差影响与总收入差距的比率表示方程没有解释的部分，1减去这个比率反映方程起作用的程度（万广华等，2005）。在收入差距的形成过程中，一个因素对收入差距的贡献主要取决于两个

方面：①该因素与收入差距的相关系数，即该因素对收入的偏效应，在给定该因素的分布下，系数越大，该因素对收入差距的贡献越大；②该因素自身的分布状况，在该因素对收入的相关系数不变的情况下，它的分布越不平均，那么该变量对收入差距的贡献越大，反之亦反。极端地讲，当一个因素对收入的偏效应接近于 0 或者它的分布完全平等时，那么该因素对收入差距的贡献为零。

2.1.2　数据说明

本章研究数据来自中国家庭追踪调查。中国家庭追踪调查是由北京大学中国社会科学调查中心（Institute of Social Science Survey，ISSS）实施的全国性、综合性的社会跟踪调查项目，全国基线调查于 2010 年开展，通过跟踪收集个体、家庭、社区三个层次的数据，反映中国家庭的人口特征、收支情况、农业生产、经济活动及非经济福利等变化。调查对象为中国 25 个省（区、市）的家庭户和样本家庭户中的所有家庭成员，其分层多阶段抽样设计使得样本能够代表大约 95%的中国人口。

本章的研究对象为农村家庭，剔除遗漏关键信息及存在严重异常值的农户家庭，经过复核整理，最终获得有效农户样本 5 226 户。

2.2　土地流转对农户收入分配影响实证与结果

2.2.1　基本描述统计

使用农户家庭人均总收入、非农收入、农业生产纯收入三个指标来表示农户家庭收入水平和收入结构，将农户分为未流转农户、流转农户、转入户与转出户四类进行家庭收入水平的比较。如表 2-1 所示，参与土地流转的农户家庭收入水平高于未流转农户，流转户家庭人均总收入、非农收入、农业生产纯收入较未流转户分别高 0.150 万元、0.055 万元、0.312 万元。转入户家庭人均总收入均值为 0.741 万元，农业生产纯收入为 1.081 万元。转入户从土地流转中获得较高的农业收入，也使得转入户的家庭收入水平高于其他类型农户。转出户的非农收入是家庭收入的重要来源，转出户有更多的非农就业机会，其家庭人均总收入要高于未流转户。但参与流转农户与未参与流转农户的初始条件不完全相同，简单直接对比不同类型农户的收入情况是不准确的，无法避免“选择偏差”，所以通过模型分析对该结果进行验证。

表 2-1 农户家庭平均收入水平（单位：万元）

类型	人均总收入	非农收入	农业生产纯收入
未流转户	0.587	1.272	0.684
流转户	0.737	1.327	0.996
转入户	0.741	1.326	1.081
转出户	0.716	1.330	0.551

2.2.2 变量选取

选取的被解释变量为农户家庭人均总收入、非农收入、农业生产纯收入，为了更好地反映土地流转对农户家庭收入水平的影响，对因变量进行对数处理。关键变量为土地流转决策变量，0 表示未流转土地，1 表示流转土地。根据模型设定及可忽略性假设的要求，尽可能控制那些对农户流转土地决策及农户家庭收入水平产生影响的变量，并且这些变量不受是否参与土地流转的影响（Rosenbaum and Rubin，1984）。本章共选择三类变量：家庭主事者特征，包括农户家庭经营决策者的年龄、性别、教育年限等；农户家庭特征，包括经营土地的面积、家庭规模、劳动力结构、家庭资产等；村庄特征，包括村庄人口规模、人均耕地面积、村庄经济情况、丘陵虚拟变量、山地虚拟变量、地区虚拟变量等，统称为协变量 X_i，具体变量描述见表 2-2。

表 2-2 变量描述及统计性分析

变量名称		变量定义	全样本	转入户	转出户
因变量	人均总收入（对数）	家庭总收入与家庭总人口的比值	8.323	8.573	8.203
	非农收入（对数）	工资性收入和非农经营收入之和	6.946	7.150	7.030
	农业生产纯收入（对数）	农户自家生产农产品的价值扣除生产成本	8.517	9.117	8.134
关键变量	土地流转决策变量	=1 流转土地，=0 未流转土地	0.228	0.191	0.037
家庭主事者特征	年龄	岁	49.288	47.671	51.969
	性别	=1 男性，=0 女性	0.821	0.860	0.737
	教育年限	年	4.943	5.199	5.320
	少数民族	=1 少数民族，=0 汉族	0.120	0.110	0.191
	党员	=1 党员，=0 非党员	0.081	0.080	0.098
	健康状况	由差到好分别赋值 1~7	4.993	5.126	4.938
	社保状况	是否有养老保险：=1 有，=0 没有	0.084	0.069	0.093

续表

	变量名称	变量定义	全样本	转入户	转出户
农户家庭特征	经营土地的面积	亩	10.982	14.73	15.061
	家庭规模	家庭总人口数（人）	4.339	4.452	4.619
	劳动力人数	家庭 16~60 岁的人口数（人）	2.083	2.302	1.691
	劳动力平均年龄	家庭 16~60 岁人口的平均年龄（岁）	37.722	39.641	31.702
	劳动力平均教育年限	家庭 16~60 岁人口的平均教育年限（年）	4.504	4.839	4.738
	家中是否有老人或小孩	家庭是否有 65 岁以上的老人或 16 岁以下的小孩：=1 有，=0 没有	0.758	0.753	0.820
	人情支出（对数）	家庭赠送出去的礼物/礼金价值	6.063	6.487	6.083
	农机价值（对数）	家庭所有农业机械的价值	1.676	2.199	0.932
	人均净资产（对数）	家庭资产价值与家庭总人口比值	9.450	9.737	9.311
	家庭负债（对数）	家庭借款/贷款总和	2.694	3.370	2.411
	现住房产价值（对数）	家庭现居住房产价值	9.794	9.709	9.701
	其他房产价值（对数）	家庭其他房产价值	1.348	1.467	1.587
	金融资产（对数）	家庭股票、基金、债券总和	2.370	2.644	2.728
	繁荣程度	到最近的商业中心需要时间（分钟）	40.192	35.974	51.835
村庄特征	村庄人口规模	村庄年末总人口（人）	1 895.994	1 941.772	2 157.706
	人均耕地面积	村庄耕地总面积与村庄总人口比值	2.464	1.708	2.513
	农业劳动力比例	村庄从事农业生产的劳动力人数与村庄总劳动力人数比值	49.841	50.769	47.191
	村庄经济情况	由差到好分别赋值 1~7	3.589	3.627	3.665
	丘陵虚拟变量	=1 丘陵，=0 非丘陵	0.356	0.430	0.376
	山地虚拟变量	=1 山地，=0 非山地	0.598	0.633	0.649
	地区虚拟变量	=1 东部地区，=0 中西部地区	0.345	0.354	0.289
样本量			5 226	1 000	194

2.2.3　土地流转对农户收入水平的影响

研究关注的被解释变量为农户家庭收入水平，通过农户家庭人均总收入、非农收入、农业生产纯收入衡量。为保证匹配质量，对模型进行了平衡性检验，检验结果表明模型很好地平衡了处理组和控制组的数据，在匹配后并无明显差异，通过了平衡性检验①。表 2-3 给出了全样本农户进行倾向得分匹配的估计结果。对全样本农户进行倾向得分匹配前，参与土地流转与未参与土地流转的农户家庭人均总收入对数分别为 8.513 和 8.267，两者之间的差异为 0.246，运用最近邻匹配方法将控制组与处理组进行匹配，参与土地流转的农户家庭人均总收入为 8.513，而未参与土地流转的农户家庭人均总收入为 8.351，这表明在考虑了土地流转的样本选择偏差问题后，土地流转对农户家庭收入水平的提高作用变小，两者之间的差异为 0.162，并在 0.01 的统计水平上显著，这个差异为参与土地流转的平均处理效应（ATT），表明参与土地流转的农户平均家庭人均总收入比未参与土地流转的农户高 17.59%[exp（0.162）−1]。从不同收入类型来看，参与土地流转的农户家庭农业生产纯收入比未流转农户高 47.70%[exp（0.390）−1]，但对非农收入的增加效应在统计意义上不显著。

表 2-3 全样本农户倾向得分匹配的估计结果

因变量	处理效应	处理组	控制组	净效应	标准误	t 检验值
人均总收入（对数）	匹配前	8.513	8.267	0.246	0.035	7.06
	ATT	8.513	8.351	0.162	0.037	4.34
非农收入（对数）	匹配前	7.130	6.892	0.238	0.137	1.74
	ATT	7.130	7.065	0.065	0.154	0.42
农业生产纯收入（对数）	匹配前	8.507	7.955	0.552	0.065	8.44
	ATT	8.507	8.117	0.390	0.070	5.55

考察完全样本，再将参与土地流转的农户家庭进一步细化为转入和转出土地的农户家庭进行估计分析。不同农户家庭在参与土地流转后有不同收入增长路径，转入户通过扩大生产规模、提高农地利用效率影响家庭收入水平，而工资水平、非农就业的竞争力和土地流转的租金是影响转出户收入的主要因素。运用倾向得分匹配法估计这两类家庭的收入效应是否一致，研究土地流转对不同类型农户的收入影响差异，估计结果见表 2-4。

表 2-4 不同类型农户倾向得分匹配的估计结果

农户类型	净收入效应（ATT）		
	人均总收入（对数）	非农收入（对数）	农业生产纯收入（对数）
转入户	0.167^{***}	−0.065	0.545^{***}
转出户	0.040	0.247	−0.100
大规模转入户	0.192^{***}	-0.439^{*}	0.625^{***}
小规模转入户	0.142^{***}	0.264	0.270^{***}

***表示$p<0.01$，*表示$p<0.1$

① 感兴趣的读者可以向笔者索要平衡性检验结果。

根据估计结果可知，土地转入户比未流转户的人均总收入平均提高了 18.18%[exp（0.167）−1]，并在 0.01 的统计水平上显著。从分项收入来看，土地转入能够使农户家庭农业生产纯收入显著增加 72.46%[exp（0.545）−1]，对家庭非农收入的影响统计水平上不显著。对转出户的分析结果表明，参与土地转出后，农户家庭人均总收入提高 4.08%[exp（0.040）−1]，非农收入增加 28.02%[exp（0.247）−1]，农业生产纯收入减少 10.52%[1−exp（0.100）]，但在统计水平上均未达到显著。

通过对全样本和不同农户类型样本的估计，从实证结果上证明了先前的理论研究结论（Huang et al.，2012；朱建军和胡继连，2015；陈飞和翟伟娟，2015；姚洋，2000；Zhang et al.，2011；冒佩华和徐骥，2015）：土地流转能够显著提高农户的家庭收入水平。从不同类型农户的估计结果来看，土地转入能使农户家庭人均总收入、农业生产纯收入显著提高。由于生产要素不可无限分割的特征，在狭小的土地规模下，劳动力、机械等主要生产要素不能得到有效的利用，降低了这些要素的使用效率（郭庆海，2014），因此，适度扩大土地经营规模获取规模收益，可以达到增加经营者收入的目的。大量的实证经验证明土地规模与粮食产出之间显著相关，适度扩大土地规模能够有效提高粮食产量（Wan and Cheng，2001；Tan et al.，2010）。农户转入土地后有效提高土地利用效率，有研究表明土地转入户的边际土地生产率明显高于未流转户，土地流转增加了土地配置的效率，通过适度扩大农业生产经营规模，实现农业规模化和现代化经营，使土地资源的效益得以更充分发挥，提高了农户家庭经营收入。土地转入对非农收入的影响不显著，这是由于土地转入与非农劳动力雇佣市场的关系并不显著相关（Huang et al.，2012）。

对转出户的分析结果表明，土地转出虽然能够提高农户家庭收入水平，但影响并不显著，可能的原因有两点：一是尽管土地流转市场发育进展很快，但仍有不少研究表明土地流转市场并未发挥出全部潜力。Deininger 和 Jin（2005）研究发现，土地租赁市场的流转总是伴随着较高的交易成本，调查数据显示，20 世纪 90 年代后期，近一半的土地流转是口头的、周期性的、无偿的（Jin and Deininger，2009；Gao et al.，2012），土地流转中土地价值难以有效衡量，土地租金水平较低，这就导致在一定程度上土地流转对转出户家庭收入水平的影响不显著。二是在土地转出前农村劳动力已进行初步转移，土地转出行为对农户家庭非农劳动力的释放作用不大。在城市化、工业化的发展中，有大批曾经从事农业生产的农村居民改变了生存方式，年轻且受教育程度高的劳动力已在外务工多年，因此，土地转出对提高转出户家庭收入水平的影响效应不显著。

已经证明土地流转能够显著提高农户家庭收入水平，但不同的流转规模是否会造成不同的收入效应还需要进一步验证。将转入户样本按照转入面积的中位数

（3.95 亩）划分为大规模转入户样本和小规模转入户样本，分别进行倾向得分匹配①。由表 2-4 可知，对大规模转入户来说，参与土地流转能够显著提高人均总收入 21.17%[exp（0.192）−1]，分项收入中，土地转入会显著减少非农收入 55.12%[1−exp（0.439）]，显著增加农业生产纯收入 86.82%[exp（0.625）−1]。小规模转入户参与土地流转显著提高人均总收入 15.26%[exp（0.142）−1]及农业生产纯收入 31.00%[exp（0.270）−1]，另外，土地转入可提高小规模转入户家庭非农收入 30.21%[exp（0.264）−1]，但这部分效应在统计水平上未达到显著。

估计结果表明，土地流转对不同流转规模农户的收入效应影响存在差异。大规模转入户人均总收入的增加程度显著高于小规模转入户，差异主要来自家庭农业生产纯收入，大规模转入户农业生产纯收入的增加程度是小规模转入户的近 3 倍，这可能是因为土地转入规模大的农户更易达到规模经营，实现农业生产规模化和现代化，分摊生产的固定成本，得到更高的规模收益。小规模转入户土地转入规模小于 3.95 亩，经营规模较小，难以形成规模化生产，导致收入的增加程度较小。从家庭非农收入来看，大规模转入户的家庭非农收入显著减少，而小规模转入户的家庭非农收入增加但不显著，可能的原因是，小规模转入户的家庭多以兼业农民为主，家庭的收入来源不仅依靠农业收入，非农部门经营收入也是家庭收入的重要部分，而转入小规模的土地对农户家庭增收作用较小。

2.2.4 土地流转对农民收入差距的影响

土地流转的收入效应除了对收入水平的影响，还包括对收入差距的影响。本章应用基于回归的夏普里值方法计算土地流转对农民收入不平等的贡献度，并通过变量排序对其重要性做出判断。

先对农民收入决定方程进行估计，估计结果见表 2-5。在模型（1）中去掉本章所关心的土地流转变量，用来作为基准方程，在模型（2）中将土地流转变量加入进来。通过对比可以发现，两个方程的回归结果基本没有太大变化，模型（1）中在0.01和0.05的统计水平上显著的自变量在模型（2）中也在同样的统计水平上显著。对于本章关心的土地流转变量，在模型（2）的估计结果中发现，在加入土地流转变量后，方程中其他变量系数和显著性都没发生太大变化的前提下，方程的 R^2 提高了，这说明在样本家庭中，土地流转对农户收入具有显著的正向作用。

① 由于样本中土地转出规模较小，土地转出面积的中位数为2.15亩，未形成规模转出效应，进行分组研究意义不大，故仅研究土地转入规模分组。

表 2-5　收入决定方程估计结果

分类	自变量	模型（1）	模型（2）
土地流转变量	土地流转决策变量		0.111***
村庄特征	村庄经济情况	0.045***	0.044***
	地区虚拟变量	0.044	0.046
家庭特征	家庭规模	−0.028***	−0.030***
	工资者比例	0.295***	0.295***
人力资本	家庭主事者教育年限	0.034***	0.033***
	家庭主事者年龄	−0.005***	−0.005***
人均资本	人均农业投资	0.000 410***	0.000 400***
	人均净财产	5.09×10^{-7}	5.12×10^{-7}
实物资本	人均土地面积	0.003 74**	0.003 62**
常数项		8.119***	8.103***
观测值		5 067	5 067
R^2		0.168	0.170

***表示$p<0.01$，**表示$p<0.05$

从回归结果来看，各因素对收入的影响方向与理论上的预期较为一致。土地流转能够显著提高农户收入。村庄特征中村庄经济情况对农户家庭人均总收入有显著的正向影响。家庭特征中，家庭规模越大，人均总收入越低，可能是由于收入水平相同的家庭，家庭规模大而抚养负担更重，导致人均总收入降低。工资者比例变量在一定程度上反映了城市化比率，估计结果表明工资者比例变量与人均总收入水平呈正相关关系，说明城市化有利于提高农户家庭收入水平，这也较符合当前非农工资性收入普遍高于农业经营收入的现状。在人力资本中，家庭主事者教育年限对家庭收入水平有显著的正向影响，教育年限越长，积累的人力资本越多，家庭收入水平越高；而家庭主事者年龄对家庭收入水平的影响显著为负，可能是由于年龄较大的家庭决策者虽然生产经验较丰富，但其在适应新时代方面相对困难，导致部分家庭决策不能提高农户家庭收入。人均资本是收入函数中的重要变量，人均农业投资对家庭收入水平的影响显著为正。实物资本用农户家庭人均土地面积衡量，土地作为农户家庭重要的资产，对家庭收入水平的影响显著为正。

在分解之前，对模型进行解释程度检验，计算 1 减去残差作用的比率为 51.9%①，表明收入方程中的自变量能够很好地解释收入差距，从而保证了本章分解结果的可靠性。根据上述收入决定方程的估计结果，在此基础上利用夏普里值的框架分解出各个解释变量对农民收入差距的影响程度。表 2-6 列示了分解后的

① 感兴趣的读者可以向笔者索要总收入差距与被解释比例。

结果，每个变量的贡献度为该变量对基尼系数的贡献，按该贡献度对各影响因素进行排名。首先考察本章重点关注的土地流转变量。分解结果表明土地流转变量对农户家庭收入差距的贡献度排在第五名，为 4.19%，这个结果表明，土地流转不是造成农户收入差距的关键变量。可能的原因是，转出户家庭拥有的土地规模有限，参与土地流转的面积更小，大约只有 2 亩，而转入户土地流转规模也较小，样本中位数为 3.95 亩，未能形成农地经营的规模效应，因此土地流转对农户家庭收入差距的影响不显著。

表 2-6　收入差距分解结果

分类	自变量	贡献度		排名
人力资本	家庭主事者教育年限	17.93%	39.13%	1
	家庭主事者年龄	21.20%		
村庄特征	村庄经济情况	19.65%	20.97%	2
	地区虚拟变量	1.32%		
人均资本	人均农业投资	14.37%	17.96%	3
	人均净财产	3.59%		
家庭特征	家庭规模	12.62%	14.28%	4
	工资者比例	1.66%		
土地流转变量	土地流转决策变量	4.19%	4.19%	5
实物资本	人均土地面积	3.47%	3.47%	6

家庭主事者教育年限、年龄合并为人力资本变量，这个因素导致的收入不平等占总不平等的比例为 39.13%，排名第一，表明了人力资本因素对农村内部收入差距的重要影响。估计结果显示家庭主事者教育年限的贡献度为 17.93%，这与 Morduch 和 Sicular（2002）对中国的研究结果相似。结果证明教育不平等会显著拉大农村家庭收入差距。

代表村庄特征的两个变量加总对农户家庭收入不平等的贡献率排名第二，贡献度为 20.97%，这个结果与许庆等（2008）、赵剑治和陆铭（2009）的研究结果相似。表示村庄特征的“地区虚拟变量”不仅捕捉到地理差异，还反映出由地理差异造成的经济条件、政策、市场整合程度等方面对农村收入差距的影响。

人均资本对农村收入不平等的贡献度为 17.96%，排名第三，与万广华等（2005）的研究结果相似，他们运用夏普里值分解得到资本对农村内部收入不平等的贡献比重达 16%~24%。随着农业现代化的发展，农业部门的资本密集程度越来越高，资本分配不均对农户家庭收入不平等的贡献度也就越高。家庭特征对农户收入差距的贡献度排名第四。家庭规模对农民收入不平等的贡献度为 12.62%，家庭人口越多，意味着负担越重，人口负担率越高，对农民收入不平等的贡献度自然越大。

人均土地面积对农户收入差距的贡献度为 3.47%，位列第六，说明农户层面收入差距拉大的主要原因是人力资本而非土地等物质资本，与高梦滔和姚洋（2006）的研究较为相似。可能的原因是土地在农村内部均分化程度较高，不同农户之间的差异较小，导致土地流转中人均土地面积对家庭收入差距的贡献度不高。

2.3　结论与政策建议

本章基于中国家庭追踪调查数据，利用倾向得分匹配法分析土地流转对农民收入的影响，在此基础上采用基于回归分析的夏普里值分解方法测算土地流转对农村居民收入不平等的贡献率，主要有以下结论和政策建议。

2.3.1　结论

（1）土地流转存在收入效应，参与土地流转的农户比未参与土地流转的农户的人均总收入、农业生产纯收入显著高 17.59%、47.70%，但对非农收入的增加效应在统计意义上不显著。

（2）从不同类型农户来看，土地流转使转入户家庭人均总收入、农业生产纯收入显著提高 18.18%、72.46%，但土地流转对转出户的收入水平没有显著影响。从不同流转规模角度分析，大规模转入户人均总收入的增加程度显著高于小规模转入户。

（3）土地流转变量对农村内部收入差距的贡献度为 4.19%，排名第五，表明土地流转不是造成农村内部收入差距的主要原因。人力资本和村庄特征对农村内部收入差距影响较大。

2.3.2　政策建议

1）完善农地流转市场，稳定土地租金水平

土地流转能够显著提高农户家庭收入水平，说明促进土地流转是增加农民收入的重要途径。一个功能良好、流转价格合理的土地流转市场，能够满足期望放弃土地使用权以更好地转移到非农部门的农户需求，同时也能满足期望扩大生产规模继续从事农业的农户要求。因此，发展功能完善的土地流转市场仍是现阶段的土地流转政策的主要目标，应积极建立和完善镇、县、市、省四级联网的流转交易信息公开平台，使土地流转的供求双方能便利地获得所需信息，促进土地流转。同时交易信息的公开也有利于通过市场机制形成土地流转价格，从而形成供求双方都能接受的合理价格，既使得转出方获得合理土地租金收入，也使得转入方有正常的经营收入，从总体上增加参与流转的农户收入。

2）促进农地适度规模经营，提高转入户农业经营收入

转入土地的农户大多具有丰富的农业生产经验或技能，土地流转后能够形成规模效应，有效提高劳动和土地生产效率，推动农户家庭收入增加。应通过完善农村金融市场，提供信贷优惠政策，推动具有农业生产技能的农户转入土地；增加对种粮规模经营主体补贴，提高大户种粮积极性；加强农田基础设施建设，为农业规模化生产创造条件，增加农业规模经营收入，缩小农户与非农经营户之间的收入差距。

3）提高农户就业竞争力，促进农地转出户的劳动力转移

转让土地经营权之后，农民在得到流转租金的同时相应地减少了家庭农业经营收入。一般而言，土地租金收入会少于转出户家庭农业经营的减少额。此时，如果农户外出务工不稳定或质量不高，非农收入也会相对较低，最终导致转出户家庭总收入水平下降。反之，则农户家庭收入可能会增加。目前农村非农收入已经成为农户家庭收入的主要来源，因此，单纯的土地流转租金对转出户家庭收入影响并不显著。增加这类农户家庭收入主要还是要靠提高其非农就业竞争力，进而增加其非农收入。因此，要通过针对性的职业培训、就业推荐等政策来提高转出户家庭非农收入。年纪较大、不适合外出务工的农户，一般具有相对丰富的农业生产经验，可由村社推荐至农业经营大户或农业园区就业，成为农业劳动雇工；也可以由村社提供公益性岗位统一培训，就地安置，提高其家庭收入。

2.4 本章小结

土地流转作为我国农村土地制度改革的重点受到了广泛的关注，但土地流转能否显著增加农民收入，达到缩小农村内部收入差距的目的，现有研究并未得到一致结论。本章依据中国家庭追踪调查的数据，运用倾向得分匹配法和基于回归的夏普里值分解方法，从收入水平和收入差距两个维度实证分析土地流转对农民收入的影响。研究结果表明：①参与土地流转能够显著提高农户家庭收入水平。土地流转使转入户家庭人均总收入和农业生产纯收入显著提高 18.18%和

72.46%，并且大规模转入的农户人均总收入的增加程度显著高于小规模转入农户，说明土地流转存在规模效应。土地流转对转出户的收入水平没有显著影响，可能原因如下：一方面，土地流转市场发育不完善，没有显化租金；另一方面，劳动力转移先于土地流转，使得土地流转对农户家庭劳动力的释放作用不显著。②土地流转对农村内部收入差距的贡献度为 4.19%，排名第五，表明土地流转不是造成农村内部收入差距拉大的主要原因。人力资本和村庄特征对农村内部收入差距影响较大。

根据研究结论提出三点政策建议：第一，完善农地流转市场，稳定土地租金水平，使转出户获得合理的租金收入；第二，促进农地适度规模经营，提高转入户农业经营收入，缩小农户与非农经营户之间的收入差距；第三，提高农户就业竞争力，促进农地转出户的劳动力转移，增加转出户非农务工收入。

第 3 章　农地流转中的政府干预与流转模式

由于我国农村土地流转市场尚未发育完善，农民参与土地流转面临着巨大的交易费用。为了降低交易费用，政府直接干预农地流转市场。因此，农地资源配置中具有很强的政府干预色彩。本章主要分析政府干预农地流转的原因、必要性和主要形式，为读者更好地理解农地流转中的政府干预提供背景，也为后文的一系列研究奠定基础。

3.1　农地流转中的市场缺陷

按照流转的面积、组织形式等的不同，可以将农地流转划分为农地非规模流转和规模流转两类（石磊，2008）。农地非规模流转以农户之间土地转包、代耕、互换为主，是非农户防止农地弃耕抛荒而将土地流转给其他村民或方便农地耕作而诱发的一种农地流转形式，这种流转形式虽然能解决土地利用效率问题，但仍然无法摆脱以家庭为主的小农经济的弊端，满足不了规模经营的需求，也无法实现农地经营规模效益。农地规模流转的对象多为农业大户、家庭农场、工商企业等规模经营主体，相对于农民间自发的小规模流转而言，农地规模流转的面积大，合同期限长，市场化程度更高。随着农业现代化发展对农地适度规模经营的需求，农地规模化的流转必将成为农地流转的新趋势。本章分析农地流转的市场缺陷，主要针对的是农地规模流转。

3.1.1　农地规模流转的高交易费用阻碍了市场化进程

农地规模流转涉及的流转范围广、对象多，交易情况复杂，面临着较高的交易费用。根据埃格特森（1996）的交易费用理论，农地规模流转的交易费用包括三部分：一是土地流转前的土地流转双方搜寻信息，寻找交易对象的信息费用；二是在土地流转合约签订过程中，流转双方谈判、签约的费用；三是合同签订后，双方按照合同履行责任，监督合约执行费用。造成农地规模流转的高交易费用的原因主要如下：第一，农民土地的细碎化，单个农民的土地面积狭小，市场交易的农户相对分散，使得规模经营主体寻找农地流转对象并和他们谈判的成本高昂。全国农村固定观察点数据统计，2009 年我国每户农民平均经营耕地面积 7.12 亩，每户拥有不足 1 亩的地块数 2.41 块，占到每户地块总数的近 60%（中共中央政策研究室等，2017）。第二，农地流转中介机构缺乏并且已有的中介机构未能充分发挥作用，使得农地流转缺少专业的法规政策咨询、合同指导和价格评估等服务，农地交易过程信息不充分，交易面临较高的费用。截至 2011 年，我国仍有 60%的乡镇缺少土地流转服务平台（中华人民共和国农业部，2012），由于缺乏宣传和实践经验，农地流转市场平台的作用也未能有效发挥（黄宝连，2012）。高交易费用阻碍了农地规模流转的市场化进程：一方面，农地流转多为农户亲戚、熟人之间小规模流转，流转的范围和对象局限性较大，难以形成规模化流转；另一方面，过高的交易费用减少了大户农业经营的利润，抑制了大户扩大农地规模的需求。

3.1.2　农地规模流转市场的主体行政化与垄断化扭曲了市场作用

许多地方的农地规模流转实践中，村委会代替农民成为土地规模流转的市场主体，控制着农地的规模化流转，形成对土地规模流转市场的行政垄断，不利于市场的建设与完善以及农民土地权益的保护。陆道平和钟伟军（2012）在 2009 年对江苏省 8 个县市 483 个有效样本农户的调研中发现，村委会对农民的流转决策有很大的强制性，40.6%的农户是被动参与农地流转的，仅有 22.7%的农户参与流转合同起草。造成村委会对土地流转市场垄断的原因是多方面的。我国农村土地所有权主体模糊不清是村委会介入农地规模流转的直接原因。土地名为集体所有，但是法律对土地所有权的“集体”资格规定得并不清楚。《中华人民共和国土地管理法》对农村土地经营管理权利主体的规定包括村集体经济组织或者村民委员会、乡（镇）农村集体经济组织，即土地所有权中的“集体”主要是三级所有。并且相关法律对“集体经济组织”没有明确的定义和界定，这就造成村集体经济组织法律地位的缺失，现实中村委会经常介入村集体经济组织的具体事务（陈剑波，2006）。在多数情况下，村委会实际掌控了土地所有权，并对农民土地承包经营权利造成挤压（曲福田，2011），直接取代农民成为农地规模流转的市场主体。

村委会对农地流转市场的行政垄断扭曲了市场作用。村委会不是纯粹的经济组织，具有一定的行政功能和农村公共事务管理的职能，具有“准行政机关”属性。因此，村委会作为农地供给垄断主体可以充分利用其行政权力干扰市场主体的自由竞争与决策，不利于市场的竞争机制、价格机制和供求机制的运行，扭曲了市场功能。

3.1.3 农地规模流转市场相关制度环境的不健全加剧了市场风险

农地规模流转相关的制度环境包括流转信息发布制度、价格评估制度、农业保险制度和农村社会保障制度等。制度对防范市场风险的作用有两个方面：一是减少市场信息不足；二是减少市场的不确定性。其中，流转信息发布制度、价格评估制度可以减少市场信息不足，为决策主体提供充足的市场信息；农业保险制度和农村社会保障制度能稳定农地流转合约关系，减少农地规模流转市场的不确定性。

农地规模流转涉及众多小农户和大面积土地，交易主体和过程较复杂，这一特点使得市场主体在合约关系上处于相对不对等的地位。市场上存在大量的交易信息，有些信息的隐蔽性和专属性较强，市场主体仅靠自身的力量无法发觉，如农地质量、农地价格、同类市场的情况等，由此产生交易的信息不对称，并且由于交易双方利益最大化的倾向而产生机会主义行为，由此引起契约的签订、执行等方面的风险。在规模流转过程中，农地质量信息掌握在农户手上，农户可能会刻意隐瞒农地质量信息，将劣等地作为优等地流转给租户。弗鲁博顿和芮切特（2010）将市场上这种卖方的行为称为“签约前的机会主义”。农业大户或农业公司往往难以掌握所有土地的完全信息，也无法承担区别不同质量的土地而签订不同价格合同的成本。作为规模经营主体的流入方总是希望签订长期合同，并且租金的形式尽量以货币衡量。这样，当货币贬值或土地经营效益明显上升时，由于合约的缺陷，小农户就会面临损失租金的风险。我国尚未建立农地流转信息发布制度和价格评估制度，使得市场主体难以掌握农地规模流转的完全信息，处于信息弱势的一方面临较大的市场风险。

农地规模流转以规模经营为目的，而农地规模经营仍然无法摆脱农业生产弱质性的属性，农产品种植受到自然环境、气候条件较大的影响。并且由于农地面积和资金投入较大，更加剧了农业经营的风险性。我国的农业保险体系仍不健全，大量的农产品无法投保，农业生产一旦遭受自然灾害，经营者将面临巨大的损失，无能力按照流转契约支付租金，客观上存在着违约风险。由于我国农村社会保障体系的不健全，土地对于农民具有重要的保障功能，一旦农民非农就业失败，想要收回流转出去的土地，就会存在毁约的风险。在农地市场化流转中，流转长期化有利于流入方进行大规模投资，而农民对于长期流转缺乏安全性，担心自己会失去承包地，由此流转合约关系很难长期保持。

3.2 政府干预农地流转的必要性和主要形式

3.2.1 政府干预农地流转的必要性

福利经济学家认为，市场失灵是政府干预经济的主要原因。市场失灵的表现有市场垄断，市场主体行为的外部性，公共产品的市场供应量无法满足社会需求等。政府恰当的干预可以解决市场失灵问题，实现资源配置的帕累托改进。此外，市场具有逐利性，市场主体的目标是利润最大化，而对收入分配和社会公平不起作用。政府在社会经济活动中的目标与市场有很大不同，政府通过干预市场从而实现社会目标。政府作为社会管理者和服务者，在社会经济活动中扮演着打破市场的垄断性，提供外部性较强的公共物品，保护市场弱势一方的利益，维护市场秩序及宏观经济的角色。但是，政府不恰当的干预会导致政府失效。政府失效概括了政府干预的代价高昂，政府决策经常缺乏科学性，政府干预经常带有主观性，政府干预是产生寻租活动的根源（王俊豪，1994）。因此，市场缺陷只是政府干预农地规模流转的必要条件而不是充分条件，通过干预市场实现社会利益最大化才是政府干预的充分条件。

农地规模流转市场发育的不足与缺陷是由市场内部机制不健全和外部制度环境的限制引起的，仅仅通过完善市场建设还无法解决这些问题。例如，农地规模流转市场的社会保障制度不健全，市场本身无法提供这些制度，导致市场具有较强的风险性。市场风险演化后，有可能成为社会风险，成为社会的不稳定因素。又如，如果不对工商资本进入农业生产领域进行监管和引导，就会导致工商企业选择性地进入农业生产利润较大的领域，大资本通过市场对小农户利益造成侵犯。因此，政府既要采取行动完善农地流转市场，健全市场发挥作用的内在机制，又要优化相关制度环境，解决市场失灵问题，并实现农村经济发展、农民收入增加等社会目标。

3.2.2 政府干预农地流转的主要形式

实践中，政府采取一系列措施推动农村土地流转，具体可以划分为农地流转中介组织、农地规模流转补贴和行政命令三种政策。

农地流转中介组织是指政府提供中介组织服务，提供土地流转信息，指导和鉴证合同签订，提高农地流转组织化程度。这种干预由地方政府建立县、镇、村三级土地流转服务组织，为农村各类产权交易提供交易场所、信息发布、组织交易及融资信贷等服务，村集体负责本村土地流转组织工作，在转入方和转出方之间洽谈、协商，动员小农户转出土地，代理农户与转入方签订合约。

农地规模流转补贴是政府通过改变经济主体的成本和收益引导其行为符合政府目标的重要激励措施。农地流转补贴是地方政府为推动农地流转和规模经营设置的财政扶持政策。尽管各地的补贴政策不尽相同，但补贴一般与规模挂钩，补贴对象包括农地流转市场的转出方和转入方。例如，山东省对转入户的补贴政策规定，粮食种植面积在 50 亩以上、200 亩以下的，每亩补贴 60 元，超过 200 亩的，每户限额补贴 1.2 万元；2008 年起江苏省对单宗土地流转面积在 1 000 亩以上（股份合作社入股面积在 300 亩以上），流转合约规范且流转期限在 3 年以上的，对转出户一次性每亩补贴 100 元。对转入方的补贴既有直接的资金补贴，也有生产基础设施、农机具等间接补贴。例如，泗洪县对西南岗地区连片规模流转 200 亩以上的种植林果的转入户每亩补贴 400 元。

行政命令是指行政机关对下级机关及其工作人员或行政客体的指示或课以作为与不作为的义务，具有行政机关单方面意思表示和强制性等特点（陈泉生，1991）。农地流转过程中的行政命令是指地方政府以指标的形式将土地流转和规模经营的任务下达到基层乡镇政府和村委会，作为对乡镇农村工作考核的重要内容。现实情况下基层乡镇政府和村委会为完成指标考核，往往以行政权力驱动农户参与土地流转，违背农民意愿（陆红，2012；游和远和吴次芳，2010）。

3.2.3 政府干预下的农地流转模式：政府主导型农地流转

政府主导型农地流转是指地方政府为发展现代农业和规模农业，由基层政府和村委会推动的以满足农业大户、合作社及农业企业等规模经营主体用地需求的农地流转，在此过程中，农地流转的参与主体、合同签订权、农地流转价格、规模等基本由基层政府或村委会决定，而农户则是被动地接受流转。常见的政府主导型农地流转模式有返租倒包、土地信托、两田制和土地股份合作制等。反租倒包是由乡镇政府或村集体先将农民的承包地收回来，再发包给有土地需求和经营能力的种植大户或其他农业规模主体，经营主体直接向集体缴纳承包费，集体以一定的租金支付给农户。土地信托是由县、乡、镇三级政府设立的土地信托机构，根据市场对土地流转的需求，接受农民的委托，集中农民的土地后统一整理、规划，然后以合法的程序将农民的土地承包经营权流转给其他农业经营主体的模式。两田制是由村集体将农户承包地分为口粮田和承包田，口粮田是为了满足农户的基本生活，按照人口均分承包，只负担农业税①而不需要缴纳承包费，也不负担国家订购任务。承包田划成相对集中的责任田，由村集体对外进行招投标，满足适度规模经营的需求。20 世纪 80 年代山东省平度市首创两田制，后来在河南、湖北、江西、浙江及湖南等省份都曾有大范围的推广，1997 年中央下发文件明令禁止两田制。土地股份合作制是由基层政府或村集体作为发起人成立的合作社或公司，村集体以农民的土地折成股份入股，农民按土地股权享受分红。土地集中后，农村土地实行统一规划和统一开发利用，经营利润按股权分配。这种模式产生于 20 世纪 80 年代中后期的珠江三角洲，后来在山东、江苏、浙江等沿海发达地区有所发展。

图 3-1 展示了政府主导型农地流转的组织形式，县乡土地流转平台负责土地供求信息发布、农业项目引进、市场交易，村集体将农户土地集中后统一租赁给农地规模经营主体。在此过程中，基层政府或村委会代理农户与规模主体谈判签约，租金也要经过两级平台发放到农户手中。政府主导的农地流转模式中，存在着双层土地流转关系。第一层是农户与村集体或地方政府的土地流转关系。村集体或地方政府将农民的土地集中，以一定的协议约定土地流转的租金价格和流转期限。这种方式常常以《农村土地承包经营权流转管理办法》中规定的委托方式流转土地，在征得承包方的同意并出具规范的土地流转委托书后，村集体便有权代理农户流转土地。第二层是村集体或地方政府与流入主体之间的关系。村集体或地方政府以供地者的身份，将集中连片的土地规模化流转给土地需求主体，向用地者收取租金，有时也收取一定的管理费。在此过程中，农地规模经营主体并不直接与小农户谈判、交易，而是由村委会或地方政府充当中介机构，与双方进行谈判并签订合约。

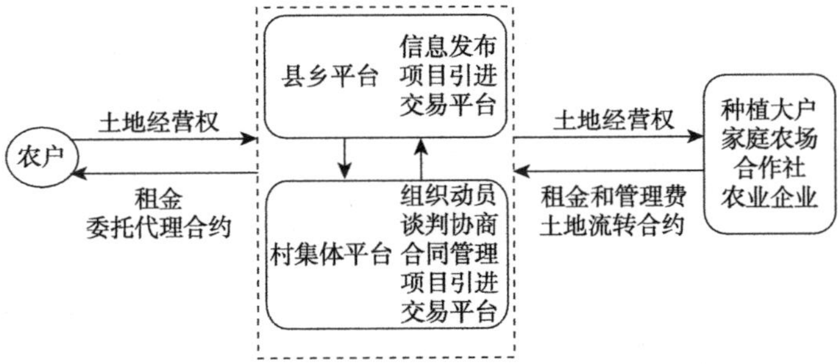

图 3-1　政府主导型农地流转的组织形式

从产权角度，政府主导型农地流转模式存在土地产权双层委托代理问题。第

① 农业税是 2006 年之前我国向从事农业生产的农民征收的税，后国家颁布《农业税条例》，取消了这项税收。

一层是基层政府或村集体对农户产权的委托流转问题。农户将土地流转给基层政府和村集体并签订合约，基层政府或村集体作为委托人承担寻找规模主体、谈判、签约的土地流转任务。第二层是规模经营主体对农户土地产权的委托经营问题。农户保留土地承包权，仅将经营权流转。规模经营主体承担保护耕地、维持地力等责任。

3.3 本章小结

本章通过对我国农地规模流转市场发育的不足与缺陷的分析，提出政府干预农地流转的必要性，以提高农地资源配置效率，实现规模流转的社会目标。分析认为，我国农地规模流转市场的缺陷包括市场主体的行政化、垄断化，规模流转的高交易费用，市场相关制度环境不完善等。农地规模流转的市场缺陷是政府干预市场的理由，合理的政府干预可以解决市场失灵问题。但是，农地规模流转的市场缺陷是政府干预市场的必要条件而不是充分条件。政府干预市场的充分条件是实现土地流转的社会目标，维护社会公平，增加农民收入。当前，政府干预农地流转的方式主要包括农地流转中介组织、农地规模流转补贴和行政命令。政府干预更容易带来农地流转主体行政化问题，表现为基层政府或村委会代理农户充当农地流转的直接主体。

第4章　政府主导农地流转对转入户农业生产长期投资的影响

土地投资，尤其是农田水利、土地平整、有机肥等长期投资对于改善农业生产条件、增加土壤肥力、提高农业生产效率等具有重要影响。农地产权制度与农户土地投资行为一直是农业生产领域研究的热点问题，现有文献主要关注土地调整（许庆和章元，2005；陈铁和孟令杰，2007）、土地产权类型（吉登艳等，2014；郜亮亮和黄季焜，2011）、土地产权安全感知（Ma et al.，2013）等对农户农业生产投资的影响。随着我国农地流转市场的快速发展，农地流转对农户生产长期投资的影响也逐渐得到学者关注。基于中国农户的实证研究，许多学者认为农地流转对农户长期生产投资存在负面影响。俞海等（2003）基于中国 6 个省份农户地块层次的研究表明，有土地流转地块的土壤有机质含量平均下降1.94克/千克，并将其解释为农户之间非正式的农地流转缺乏规范性，不利于农户进行保持土壤肥力的长期投资。郜亮亮和黄季焜（2011）的研究表明，从签订固定期限的合同比例和流转土地已使用年限来看，从亲戚转入土地的使用权要比从非亲戚转入土地的使用权稳定，因此，农户在从亲戚转入的土地上施用有机肥的概率和施用量均显著高于非亲戚转入的地块（陈铁和孟令杰，2007）。现阶段，我国农地流转关系的不规范、不稳定可能进一步阻碍转入户农业生产长期投资行为，降低农地流转的绩效（杨钢桥等，2010）。农业部的统计数据表明，参与土地流转的农户中三分之一未签订合同（韩长赋，2015），2015 年的中国家庭金融调查数据表明，土地转入中未约定流转期限的农户比例为 40.0%（何欣等，2016）。流转期限不明确、不安全导致经营权不稳定，这在一定程度上削弱了转入户在农业生产中的长期投资意愿。因此，如何规范农地流转行为，完善和保障农地经营权权能，以激励转入户农业生产投资尤其是长期性生产投资的积极性是农地流转理论和实践中的一个重要命题。

为此，本章将农地流转模式划分为政府主导型农地流转和农户自发型农地流转，在对农地流转类型与转入农户生产投资理论分析的基础上，以江苏省农户调研为支撑，检验政府主导型和农户自发型农地流转对农户农业生产投资的影响差异，以揭示农地流转中规范流转行为，完善和保障农地经营权权能是否能更有利于农户的长期性生产投资及其影响机理，为农地流转制度改革和农地“三权分置”制度完善提供相应的政策建议。

4.1 农地流转类型与农户农业生产投资理论分析

4.1.1 农户农业生产投资的划分及本章的研究范畴

农户农业生产投资按照投资回收期可以划分为长期投资和短期投资。长期投资需要一个农季以上的时间才能收回，且投资额度较大；短期投资一个农季就可以收回。按照长期投资是否和特定地块相连，又可以把长期投资划分为“与特定地块不相连的长期投资”和“与特定地块相连的长期投资”，前者具有移动性和可分性，不会附着在特定地块上，如各种农机具；后者包括田间道路改善、沟渠、钢筋大棚等，这类长期投资的资产专用性较强，长期投资行为受到农地产权安全影响的概率较大（许庆和章元，2005）。村集体组织型农地流转和农户自发型农地流转之间主要表现为农地经营权稳定性的差异，因此，本章农业生产长期投资的研究选择农田道路、土地平整、修建灌溉和排水渠等农田基建长期投资，农机具等农户短期生产投资不在本章的研究范围之内。

4.1.2 不同类型农地流转的产权特征和土地规模

农户自发型农地流转的交易双方很少签订正式的书面合同，多以口头协议为主，一般不约定期限或以短期流转为主（张正河，2009；叶剑平等，2010）。口头协议的合约关系并不稳定，一旦转出户因故想要重新耕种土地，便可以要回土地。因此，受制于转出户流转期限的不确定，转入户长期投资额将少于社会最优水平（贺振华，2006）。此外，口头协议缺少法律凭证，一旦发生违约行为，双方责任很难界定清楚。因此，农户自发型农地流转的经营权稳定性较差。

相对于农户自发型农地流转，政府主导型农地流转在合约规范性、期限长短、流转规模和流转经营权稳定性等方面存在很大差异。政府介入土地流转后，乡村干部作为第三者为规避潜在的合约风险和担保风险，往往要求流转双方签订正式的书面合同，并经过上级政府部门鉴证（张正河，2009；黄延廷，2010）。

此外，为了培育农业新型经营主体，稳定其农业经营预期，政府主导型农地流转的租赁期限更长。因此，从合约规范性和合约期限来看，政府主导型农地流转下转入户农地经营权稳定性更强。

政府主导型农地流转往往以村内成片甚至整村的土地流转为目标，流转的规模较农户自发流转的规模要大得多。单个农户承包地小规模、细碎化，农户之间的自发流转要实现农地规模集中经营面临着高交易费用。基层政府作为农地流转的组织者，可以最大限度地减少农地流转交易费用，实现农地规模经营（张正河，2009；高宏伟和靳共元，2012）。首先，基层政府相对于小农户具有信息优势，乡村干部在日常村庄事务管理中熟悉村民的土地经营情况，了解农民土地流转意愿，可以降低流转双方的信息搜寻费用；其次，乡村政府代理小农户和转入户的谈判、签约，可以避免转入户挨家挨户与众多小农户签订合约，减少农地流转签订合约的费用；最后，政府以其权威性监管合约履行，可以减少交易双方的履约成本。因此，转入户通过政府组织农地流转可以降低交易费用，更容易实现农地规模经营。

4.1.3 转入土地的产权和规模特征对农户农业生产投资的影响

农户转入土地后用于农业生产的土地要素在两方面发生了变化：一是转入土地的产权权能和安全稳定性变化，农户自有的土地承包经营权长久不变，而租赁来的土地受合约期限及合约规范的限制，农地经营权稳定性较差（俞海等，2003）；二是土地经营面积增加。

研究表明，稳定的农地产权有利于农户农业生产长期投资（俞海等，2003；杨钢桥等，2010；Beekman and Bulte，2012）。租赁的土地产权实质上是农地经营权，受到流转合约的规范性和合约期限长短的影响（俞海等，2003；杨钢桥等，2010）。农地经营权稳定性对转入户农业生产长期投资的激励主要通过担保效应和部分抵押效应来实现，即稳定的农地流转合约为转入户获得未来的投资提供了担保，农户预期可以收回投资，便会增加长期生产投资的积极性，在资金不足时也可以通过抵押部分土地进行融资以满足投资需求（俞海等，2003；Beekman and Bulte，2012）。现实中受到流转合约期限和合约规范的限制，农户自发型和政府主导型农地流转下转入农地经营权稳定性存在很大差异，进而对农户长期生产投资产生异质性影响。

农地经营规模对农户农业生产长期投资的促进作用得到了许多学者的证实（杨钢桥等，2010；钟甫宁和纪月清，2009）。农地规模小、经济收益低的情况下，农户缺乏足够的动机进行农业生产长期投资（钟甫宁和纪月清，2009）。当农地经营面积增加时，农地经营收益成为农户重要的收入来源，农户农业生产的动机以利润最大化为主，便会增强农业生产长期投资的积极性（杨钢桥等，2010）。政府主导型农地流转的转入户农地经营规模较大，在农业的长期性投资上也更有积极性。

综上，由于政府主导型农地流转的合约关系较农户自发型农地流转较为稳定，转入户通过基层政府组织土地流转实现规模经营的可能性更高。因此，预期政府主导下的农地流转对农户农业生产长期投资的激励更强。

4.2 数据来源与描述性统计分析

4.2.1 数据来源

本章研究数据来源于课题组 2014 年和 2015 年在江苏省连云港市灌云县、淮安市金湖县、宿迁市泗洪县和扬州市宝应县四个县的农户调研。每个县内部随机选择 4~7 个乡镇，每个乡镇选择 1~3 个行政村，每个行政村随机选择 20~30 个农户进行调研，共收集到 1 221 份农户有效样本数据。其中，转入户样本 285 份，转出户样本 589 份，未流转农户 347 份，研究中仅用到转入户样本数据。调研内容包括 2009~2013 年农户农业生产长期投资情况（主要包括农田道路、土地平整、修建灌溉和排水渠等长期投资），2013 年农户家庭基本情况、劳动力就业情况、农业生产情况、土地流转情况等。农户土地流转情况包括土地流转的组织情况、流转合同签订情况、流转租金及期限等。从转入户样本来看，农户自发型转入户有 189 份，政府主导型转入户为 96 份，分别占转入户总数的 66.32% 和 33.68%。

4.2.2 两种类型农地流转特点与农户农业生产长期投资的描述性分析

1. 两种类型农地流转合约稳定性和转入户农地经营规模差异

本章从农地流转签订书面合同的比例及平均流转期限两个指标对比分析不同农地流转类型的合约稳定性。如表 4-1 所示，政府主导型农地流转签订书面合同的农户比例高达 93.75%，而农户自发型农地流转签订书面合同的比例低于 15%。在农地流转期限上，政府主导型农地流转的合约期限约为农户自发型农地流转的平均年限的 3 倍。因此，政府主导型农地流转合约关系更加稳定。

表 4-1　两种类型农地流转合约稳定性和转入户农地经营规模差异

农地流转类型	样本数/户	签订书面合同的比例	农地流转期限/年	农地转入面积/亩	农地经营面积/亩
农户自发型农地流转	189	14.29%	1.99	22.59	27.28
政府主导型农地流转	96	93.75%***	5.78***	108.00***	112.80***

***表示$p<0.01$

注：采用单因素ANOVA方法检验两组间变量是否存在显著性差异，Bonferroni统计检验值均为0.000，表明变量之间存在显著性差异

从农地转入面积和农地经营面积上看，政府主导型农地流转的农户转入面积和农地经营面积均显著高于农户自发型农地流转，表明通过政府组织转入土地的农户农地规模经营水平更高。

2. 两种类型农地流转的转入户农业生产长期投资差异

表 4-2 统计两种类型农地流转下转入户农业生产长期投资差异。从表 4-2 中可以看出，政府主导型农地流转的农业生产长期投资比例和投资额均显著高于农户自发型农地流转。

表 4-2　两种类型农地流转下转入户农业生产长期投资差异

农地流转类型	样本数/户	农业生产长期投资比例	农业生产长期投资额/万元
农户自发型农地流转	189	24.34%	0.772 0
政府主导型农地流转	96	57.29%***	3.960 4***

***表示$p<0.01$

注：农业生产长期投资包括农田道路、土地平整、修建灌溉和排水渠等农田基建长期投资

4.3　计量模型及估计

4.3.1　模型设定及变量说明

调研发现，一些希望转入较大规模农地、从事专业化生产、有较强投资动机的农户倾向通过基层乡镇政府或村委会组织完成农地流转，以降低农地流转交易费用，满足规模经营需求。因此，农户通过何种方式流转土地的选择不是随机的，具有很强的内生性。本章选择基于工具变量法的两阶段最小二乘法对模型进行估计以解决自选择问题导致的模型内生性问题。第一阶段，构建农户农地流转模式选择模型，根据可观测变量估计出农地流转模式选择的拟合值；第二阶段将拟合值代入农户农业生产长期投资模型（Feng et al.，2010）。第一阶段农户农地

流转模式选择模型为

$$M_i = \alpha + \beta X_i + \gamma \mathrm{IV} + \varepsilon_i \tag{4-1}$$

其中，M_i 是农地流转模式变量，M_i 取值为 1 表示通过政府主导型农地流转转入土地的农户，取值为 0 表示自发组织转入土地的农户；X_i 是控制变量，包括户主特征、农户家庭特征、劳动力特征、经济作物虚拟变量和县级虚拟变量；ε_i 是残差项；α 是截距项；β 和 γ 是模型估计系数；IV 是影响农户土地流转模式选择的工具变量。工具变量需满足两个条件：一是外生于农户生产投资；二是与农户土地流转模式变量相关。显然，本村和外村的农户农业生产投资行为之间没有必然联系，可以认为工具变量外生于农户生产投资。调研发现，来自外村的转入户更倾向通过政府主导转入土地，以此来降低农地流转中的交易费用。因此，本章选择"转入户是否为外村农户"这一变量作为两阶段估计的工具变量。第二阶段农户农业生产长期投资模型为

$$\mathrm{IN}_i = \mu + \lambda M_i^* + \pi S_i + \sigma_i \tag{4-2}$$

其中，IN_i 表示农户农业生产长期投资，包括：①农户是否进行农业生产长期投资，如果 $\mathrm{IN}_i=1$，表明农户进行农业生产长期投资，$\mathrm{IN}_i=0$ 则表示农户未进行农业生产长期投资；②农户农业生产长期投资数量水平的对数。模型计量估计时，农户是否进行农业生产长期投资是二元分类变量，采用 Probit 模型进行估计；农户农业生产长期投资额是限值因变量，左侧存在着删失数据，因而选择 Tobit 模型进行估计（陈强，2010）。M_i^* 是第一阶段农地流转模式选择模型预测概率，μ 是截距项，λ 和 π 是模型估计系数。S_i 所包含的控制变量与式（4-1）相同，控制变量对农户生产长期投资的影响分析如下。

（1）户主特征控制户主年龄和户主受教育年限。农户年龄对农业生产投资决策的影响是不确定的。一般而言，年龄较大的户主耕作经验更丰富，可能更专注于农业生产，进行农业生产长期投资的概率也较大。年轻户主相对于老龄户主生产投资的风险偏好更强，增加农业生产长期投资以获得更高生产利润的动机会更大。户主受教育年限对农户生产投资决策的影响也是不确定的，受教育年限较高的户主较容易在劳动力市场上找到工作，从事非农就业的概率更高。但也有研究表明，受教育年限较高的户主倾向扩大农业生产规模，他们更具有现代化农业生产的技术和管理经验（陈飞和翟伟娟，2015），因此，农业生产长期投资的可能性也更大。

（2）农户家庭特征包含家庭中 18~60 岁的劳动力数量，土地经营面积和家庭总资产价值。家庭中 18~60 岁的劳动力具有从事农业生产的能力，预期对农业生产投资有正向影响。农地经营面积越大，农户从事专业化农业生产的可能性越高，进行农业生产长期投资的积极性越大。部分学者的研究证实了农地经

营规模对农户生产长期投资的正向作用（朱民等，1997）。家庭总资产价值衡量农户家庭财产状况，富有的家庭抵抗风险的能力较强，预期也会增加农业生产的长期投资。

（3）劳动力特征变量，设置是否有劳动力在县内务工和是否有劳动力在县外务工两个虚拟变量。劳动力非农就业对农户农业生产同时具有劳动力损失效应和收入效应。从事非农就业的家庭可能会减少农业劳动力投入，“损失”部分农业劳动力，而非农就业会增加农户家庭收入，缓解因信贷约束和资金不足对农业生产长期投资的影响，表现为收入效应（Shi et al.，2011）。相对于县外务工的劳动力，在县内务工的农民离家较近或在家居住，有能力兼顾家庭农业生产，因此，劳动力在县内务工和县外务工预期对农户生产长期投资产生不同的影响。

（4）农地流转是否签订书面合同和农地流转合同期限。农地流转签订书面合同的转入户土地经营权更稳定，农户预期收回投资的机会更大，农业生产长期投资的积极性更高（杨钢桥等，2010）。农地流转签订书面合同的农户赋值为1，未签订书面合同的农户赋值为 0。

相比于短期合同，农地流转长期合同的规则变化较小，重新谈判的次数较少，后期履约过程中交易成本较低。长期的流转合同可以部分避免承租期内转出方机会主义行为导致的“敲竹杠”问题，为转入户经营土地提供稳定的预期，有利于转入户农业生产投资。

（5）经济作物虚拟变量和县级虚拟变量。与粮食作物相比，经济作物对优质肥料、基础设施等需求很大，投资回收期较长，因此，需要控制经济作物对农户生产长期投资的影响。为控制地区农业生产条件差异和农户农业生产的“习惯”特质对农业生产长期投资的影响（郜亮亮和黄季焜，2011），本章以灌云县为参照系设置 3 个县级虚拟变量。

变量定义与描述性统计见表 4-3。

表 4-3　变量定义与描述性统计

变量	定义	平均值	最小值	最大值
因变量				
是否进行农业生产长期投资	是=1；否=0	0.35	0	1.00
农业生产长期投资额	2009~2013 年长期投资额（万元）	1.85	0	54.00
自变量				
农地流转类型虚拟变量	集体组织转入户=1；农户自发转入户=0	0.34	0	1.00
户主年龄	单位：岁	53.19	26	76.00
户主受教育年限	单位：年	7.09	0	15.00
18~60 岁劳动力数量	单位：个	3.13	0	9.00

续表

变量	定义	平均值	最小值	最大值
农地经营面积	单位：亩	56.60	12	700.00
家庭总资产价值	生产和消费性固定资产价值（万元）	28.65	0.3	314.00
是否有劳动力在县内务工	是=1；否=0	0.51	0	1.00
是否有劳动力在县外务工	是=1；否=0	0.38	0	1.00
是否签订书面合同	是=1；否=0	0.41	0	1.00
农地流转合同期限	单位：年	3.27	1	17.00
转入户是否为外村农户	是=1；否=0	0.79	0	1.00
经济作物虚拟变量	是=1；否=0	0.21	0	1.00
县级虚拟变量				
金湖县	1=金湖县；0=其他	0.53	0	1.00
泗洪县	1=泗洪县；0=其他	0.15	0	1.00
宝应县	1=宝应县；0=其他	0.26	0	1.00

4.3.2 模型估计结果及讨论

表 4-4 给出了第一阶段农户农地流转模式选择模型［第（1）列］和第二阶段农户是否进行农业生产长期投资模型及农业生产长期投资额模型［第（2）和（3）列］的估计结果。从第一阶段的回归可以看出，工具变量“转入户是否为外村农户”在 0.01 的统计水平上对农地流转类型虚拟变量有正向影响，具有较好的解释力，模型相关检验也证明了工具变量的有效性。

表 4-4 农户农业生产长期投资估计结果

变量	第一阶段农户农地流转模式选择（1）	第二阶段农户农业生产投资	
		是否进行农业生产长期投资（2）	农业生产长期投资额 log（3）
农地流转类型模式变量		$0.405\ 5^{***}$ （0.134 0）	$8.836\ 7^{***}$ （2.959 0）
户主年龄	$-0.020\ 9^{*}$ （0.012 6）	−0.002 2 （0.004 0）	−0.061 1 （0.092 5）
户主受教育年限	0.009 9 （0.035 0）	$0.026\ 1^{**}$ （0.011 3）	$0.702\ 6^{**}$ （0.271 6）
18~60 岁劳动力数量	0.077 3 （0.084 8）	$0.058\ 4^{**}$ （0.024 1）	$1.571\ 4^{***}$ （0.565 7）
农地经营面积	$0.006\ 2^{***}$ （0.001 5）		
家庭总资产价值	−0.000 1 （0.003 7）	−0.000 3 （0.000 9）	−0.002 8 （0.022 2）

续表

变量	第一阶段农户农地流转模式选择（1）	第二阶段农户农业生产投资	
		是否进行农业生产长期投资（2）	农业生产长期投资额 log（3）
是否有劳动力在县内务工	−0.019 5 （0.210 2）	−0.050 2 （0.064 2）	−1.619 9 （1.458 4）
是否有劳动力在县外务工	−0.138 5 （0.225 0）	−0.127 8* （0.066 8）	−3.523 6** （1.617 1）
经济作物虚拟变量	0.558 1** （0.259 3）	0.154 8* （0.084 4）	3.450 0* （1.789 3）
转入户是否为外村农户	1.411 3*** （0.234 5）		
金湖县	−1.212 2*** （0.368 2）	0.047 0 （0.130 4）	−0.576 0 （2.907 5）
泗洪县	−1.003 8** （0.444 7）	0.020 5 （0.142 1）	−0.160 0 （3.087 6）
宝应县	0.051 0 （0.397 5）	−0.146 2 （0.118 0）	−3.981 5 （2.975 9）
常数项	0.318 7 （0.821 6）	−1.330 3* （0.770 3）	−9.770 8 （6.426 4）
观察值	285	285	285
Pseudo R^2	0.392 0	0.151 4	0.062 6
LR chi2	142.42***	55.96***	61.51***

***表示$p<0.01$，**表示$p<0.05$，*表示$p<0.1$

注：农户是否进行与特定地块相连的长期投资的估计为Probit模型，报告的是均值处的边际效应（marginal effect）。对农户进行与特定地块相连的长期投资额的估计为Tobit模型，报告的是左截取（left-censored）情形下的均值处的边际效应。括号内为标准差。弱工具变量检验F统计量的值为48.410 5，远大于10，可以拒绝“存在弱工具变量”的原假设

表 4-4 中第二阶段农户农业生产投资模型中农地流转类型模式变量的估计系数均显著为正，说明通过政府组织流转的农户农业生产长期投资的概率和投资额均高于自发流转的农户。通过政府组织流转的农户长期投资的概率和投资额分别比自发流转的农户高出 40.55%和 883.67%。

其他影响因素中，受教育年限较长的户主长期投资的积极性较高，说明农地流转和规模经营过程中农户的人力资本素质改善有利于农业生产投资。农户家庭 18~60 岁劳动力数量估计系数显著为正，表明劳动力禀赋丰富的农户更有能力从事农业生产活动。表示劳动力非农就业的两个变量，只有劳动力在县外务工的估计系数显著，农户家庭县外务工使得农业生产长期投资的概率和投资额分别降低 12.78%和 352.36%。农户县外务工使其非农就业和农业生产活动无法兼顾，对农户农业生产长期投资的影响更大。农户家庭种植经济作物会增加长期投资的可能

性和投资额，原因是经济作物所需的农田基建条件要高于粮食作物，农户需要进行更多的农业生产长期投资。

4.3.3 模型稳健性检验

由于农地流转类型无法完全代表农地经营权稳定性和经营规模，理论上仍存在遗漏变量导致的内生性问题（郜亮亮和黄季焜，2011）。因此，本章在模型中控制农地流转合约稳定性和农地经营面积相关变量对农户生产长期投资的影响（表 4-5）。此外，调研发现种植经济作物的农户农业生产投资的可能性较大，且多数农户土地流转由基层政府组织完成。因此，为了保证结果的稳健性及避免作物类型种植差异带来的模型自选择问题，本章估计仅保留种植粮食作物农户的计量结果［表4-5第（2）、（4）列］。表4-5农地流转类型模式变量估计结果显示，相对于表 4-4 中农户农业生产长期投资概率和投资水平估计结果［40.55%和883.67%，表4-4第（2）、（3）列］，政府组织农地流转对农户农业生产长期投资的提升概率分别下降32.66%和29.71%［表4-5第（1）、（2）列］，农户农业生产长期投资额下降636.53%和828.83%［表4-5第（3）、（4）列］。这表明控制了潜在的遗漏变量及去除经济作物的农户数据后，农地流转模式虚拟变量的估计系数均有所下降，估计结果的精确度进一步提高。

表 4-5 农户农业生产长期投资稳健性检验

变量	是否进行农业生产长期投资		农业生产长期投资额 log	
	（1）	（2）	（3）	（4）
农地流转类型模式变量	0.326 6** （0.146 3）	0.297 1* （0.174 8）	6.365 3** （3.141 1）	8.288 3* （4.905 7）
户主年龄	−0.003 0 （0.004 0）	0.000 5 （0.004 3）	−0.084 6 （0.091 7）	−0.006 0 （0.117 6）
户主受教育年限	0.027 2** （0.011 4）	0.038 8*** （0.012 6）	0.746 6*** （0.268 3）	1.212 0*** （0.374 8）
18~60 岁劳动力数量	0.059 7** （0.024 0）	0.079 9*** （0.025 3）	1.626 5*** （0.554 5）	2.460 8*** （0.755 3）
农地经营面积	0.000 5 （0.000 4）	0.000 4 （0.000 4）	0.014 7* （0.008 3）	0.013 1 （0.011 1）
家庭总资产价值	−0.000 2 （0.001 0）	−0.000 9 （0.001 1）	−0.002 7 （0.022 1）	−0.023 7 （0.031 2）
是否有劳动力在县内务工	−0.053 7 （0.064 4）	−0.049 4 （0.068 8）	−1.770 6 （1.432 3）	−1.691 0 （1.892 2）
是否有劳动力在县外务工	−0.133 7* （0.066 8）	−0.183 8** （0.067 1）	−3.752 0** （1.593 4）	−5.889 7*** （2.137 5）
是否签订书面合同	0.153 1 （0.097 6）	0.119 7 （0.105 3）	4.397 4** （2.156 0）	4.700 7 （2.935 2）

续表

变量	是否进行农业生产长期投资		农业生产长期投资额 log	
	(1)	(2)	(3)	(4)
农地流转合同期限	0.015 0 (0.011 3)	0.012 0 0.014 8	0.254 9 (0.242 0)	0.294 6 0.387 5
经济作物虚拟变量	0.172 3** (0.085 8)		3.938 8** (1.774 3)	
金湖县	0.023 9 (0.135 6)	−0.129 5 (0.175 8)	−1.170 9 (2.916 5)	−4.111 1 (4.662 2)
泗洪县	0.014 1 (0.144 6)	−0.083 4 (0.145 9)	−0.430 8 (3.067 7)	−2.610 4 (4.250 1)
宝应县	−0.139 9 (0.121 1)	−0.217 6 (0.123 6)	−3.560 2 (2.931 0)	−6.399 3 (4.020 6)
观察值	285	224	285	224
Pseudo R^2	0.167 8	0.185 5	0.070 9	0.086 4
LR chi2	62.04***	49.59***	69.72***	57.01***

***表示p<0.01，**表示p<0.05，*表示p<0.1

4.4　结论与政策建议

农地“三权分置”改革下农户经营权从承包权中分离并流转是实现农地规模经营的重要路径，农地经营权权能是否安全直接影响转入农户对农业生产的长期投资。本章基于江苏省的农户调研数据，从分析两种农地流转模式在农地经营权稳定性和农地流转规模维度上的差异入手，研究不同农地流转类型对转入户农业生产投资的影响差异，以揭示农地经营权安全层面的差异对农业生产投资的影响。研究发现，相对于农户自发型流转，政府组织型农地流转合约关系更稳定，合约期限更长，农地流转规模更大，更有利于实现转入户的农地经营权安全稳定及规模经营。通过政府主导型流转获得土地的农户，其农业生产长期投资的概率和水平均显著较高。

本章的研究结论表明，农地经营权稳定性和规模化经营有利于促进农户农业生产长期投资。基层政府或村委会组织农地流转有利于提高转入户农地经营权的稳定性和土地经营规模，有利于激励农户进行农业生产的长期投资。农民自发型土地流转存在流转合同不规范且期限较短或不确定等问题，影响了转入户农地经营权的安全性，而且自发型流转决策分散、交易成本高也使得转入户难以获得规模化的土地经营权，都会抑制转入户农业长期性生产投资的积极性，不利于农业生产的可持续性。因此，土地流转政策和实践中，既要鼓励村集体在充分尊重农民意愿的前提下接受农户委托，做好农地流转的组织协调和服务工作，以促进农地流转的制度化和规模化，稳定和提高转入户的经营权预期；也要重视农民自发型流转的合同签订与管理，县、乡政府部门应该积极为农地流转提供政策咨询、契约样本和鉴证服务，引导农民签订规范的流转合同，明确和稳定转入户农地经营预期。同时，在“三权分置”制度导向下，进一步完善和落实农地经营权权能，促进农业生产长期性投资和土地利用的可持续性。

4.5　本 章 小 结

采用两阶段估计策略和江苏省四县的农户调研数据，本章考察了政府主导和农户自发两种类型农地流转对转入户农业生产长期投资的影响差异。研究表明，政府主导下的土地转入户农地经营权更稳定，农地规模经营水平更高，农业生产长期投资的概率和水平均显著高于自发流转型农户；政府主导型农地流转可以降低转入户土地流转交易费用，实现农地规模经营，提高转入户农业生产长期投资的积极性。政策启示是，积极发挥基层政府和村委会在农地流转中的组织服务作用，通过规范农地流转合同签订、降低流转交易费用等提高转入户农地经营权稳定性和农地规模经营水平，促进转入户农业生产长期投资；同时，也要加强农民自发型土地流转的合同管理和规范，提高农地流转合同的稳定性，为转入户创造良好的农业生产长期投资条件。

第5章　政府主导农地流转对农户农业生产效率的影响研究

在我国人多地少的基本国情下，提高农业生产效率对于保障国家粮食安全、增加农民收入具有重要意义。研究表明，农地流转使得土地资源流向农业生产能力较强且劳动力资源丰富的农户手中（Deininger and Jin，2005），具有生产要素边际产出拉平效应，能够提高农户土地利用效率和劳动力生产效率（Carter and Yao，2002；Feng et al.，2010）。因此，农地流转能够促进农地经营权在农业生产者之间合理流动，优化土地资源配置，是解决我国农地规模经营问题，实现农业现代化的必由之路（北京天则经济研究所《中国土地问题》课题组，2010）。

在农地流转和规模经营的实现过程中，农地流转的模式选择是值得探讨的问题。农地流转的模式既有农户之间的转包、出租、互换等，也包括政府主导的返租倒包、农地股份合作社、土地信托和集体农场等（张正河，2009；叶剑平等，2010；高宏伟和靳共元，2012）。目前，已有文献从农地细碎化、农地规模经营等角度对不同农地流转模式进行了比较研究。例如，政府或集体介入农地流转可以减少交易费用，降低土地细碎化水平（田传浩等，2005）。钟甫宁和王兴稳（2010）的研究也表明，农户间的农地交换很难解决农地细碎化问题。张建等（2016）对江苏省的农户研究表明，政府干预下的农地流转能够降低转入户土地流转交易费用，实现农地规模经营。

然而，尚未有文献探讨政府主导型流转与农户自发型流转对农户农业生产效率的影响差异。地方政府介入农地流转是很普遍的现象（张正河，2009；叶剑平等，2010），政府的介入有助于降低土地细碎化程度，实现农地规模经营，但是否能够提高农户农业生产效率，尚未有文献进行回答。因此，从农户农业生产效率的角度探讨不同农地流转模式的效率差异，对于评判政府干预农地流转是否有效，指导我国农地流转模式选择具有重要的参考价值。本章基于江苏省的农户调研数据，考察两种农地流转模式对农户农业生产效率的影响差异，为完善基层农地流转组织创新，进一步提高我国农业生产效率提供参考。

5.1 农地流转与农户农业生产效率的理论分析

5.1.1 农地流转与农户农业生产效率

我国农业生产中土地细碎化、小规模的典型特征阻碍了农业生产的机械化，农户生产中投入过多劳动力，导致传统农业滞留了大量剩余劳动力，这些过剩劳动力仅获得生存工资，却不增加农业产出（Lewis，1954）。因此，平均到每个劳动力的农业产出水平下降。存在土地市场时，农户转入土地，剩余劳动力可以与更多的土地结合，劳动力要素得到充分利用，从而提高劳动力生产效率（Zhang，2008）。此外，有研究表明，农地市场使得土地流向农业生产能力较强的农户手中（Deininger and Jin，2005），这里隐含着土地市场的遴选机制，即土地生产效率较高的农户倾向转入土地，扩大专业化分工优势，具有非农就业比较优势而缺少农业生产经验的农民倾向退出农业。因此，土地流转通过改善农业部门的人力资本素质，提高农业生产效率。最后，随着农地流转市场促进农地规模经营的实现，农地规模经营所具有的规模经济、规模效益逐步体现，表现为农业生产效益增加或生产成本降低，提高了农户农业生产效率。

5.1.2 农地流转模式差异与农户农业生产效率

农户自发和政府主导两种农地流转模式在流转规模、期限、合同规范性等方面存在很大差异，对农户农地经营规模、生产投资、种植业结构调整等农业生产行为产生很大影响，进而影响农户农业生产效率。下面从农地规模经济效益、农户农业生产投资和农户种植业结构调整三个方面分析两种类型农地流转对农户生产效率的影响。

1. 农地流转模式差异与农地规模经济效益

当前，由于我国市场化中介组织的缺乏，再加上农地细碎化、分散化的现实情况，农户之间自发的土地流转要实现农地规模集中面临着高交易费用。相关研究已经证实，由于土地细碎化、地块规模小，农民之间的自发交易面临着地块不匹配、交换链条过长等难题，无法实现土地集中连片经营（钟甫宁和王兴稳，2010）。由于组织化程度较低，转入户要实现规模经营需要和众多小农户交易，较高的信息搜集、谈判签约等费用也制约了农户土地规模流转的发生。此外，农民自发土地流转期限短、缺乏正式合约（田传浩等，2005），也会带来土地流转合约履行和监管难题，产生后续的履约成本。因此，现阶段农民自发的土地流转无法实现农地集中规模经营。

农地规模经营是实现土地规模经济效益的前提。农业生产中的土地规模经济效益，是指在其他要素投入不变的情况下，随着土地经营规模的扩大，农业生产效益增加或生产成本降低，单位面积土地生产能力提升（曲福田，2011）。因此，土地规模经济意味着单位面积土地生产效率和劳动力生产效率的提升。土地规模经济来源于农地经营规模扩大后农用机械等生产设备利用率的提升、专业化生产的实现、农副产品的综合利用等方面（曲福田，2011），所以土地规模经济效益的实现也意味着农业生产的技术效率和全要素生产效率的提高。

政府除了对农地流转进行各项财政扶持，还通过建立土地流转交易平台，为农户土地流转提供信息、交易鉴证、合同管理等服务，提高农地流转的组织化程度，可以极大地降低土地流转信息搜寻、谈判签约、合约执行、监督等交易费用（诸培新和张建，2015）。土地信托、土地股份合作社等流转形式是基层政府提供中介组织服务，降低农地流转交易费用，实现农地规模经营的重要制度创新（Zhang et al.，2004）。农地规模经营是实现土地规模经济的必要条件。现阶段农户自发型农地流转难以实现农地规模经营，由此也可以推理出农户自发流转也难以获得土地规模经济效益；相应地，政府主导型农地流转可以更为便利地实现农地规模经营，进而获得农地规模经济效益和较高的生产效率。如表 5-1 所示，对江苏省农户调研数据分析发现，政府主导下转入土地的农户平均农地经营面积为 7.20 公顷，显著高于自发流转的农户，自发流转的农户转入面积只有 1.50 公顷。通过政府主导转入土地的农户农业生产单位面积农地净收益也显著高于自发的转入户。因此，相对于农户自发型农地流转，政府主导型农地流转更能够满足转入户规模经营的需求，实现土地规模经济效益，提高农户农业生产效率。

表 5-1　农地流转模式差异与农地规模经济效益

农地流转类型	样本数/个	农地转入面积/公顷	农地经营面积/公顷	单位面积农地净收益/（元/公顷）
农户自发型农地流转	189	1.50	1.80	30 414
政府主导型农地流转	96	7.20***	7.52***	42 749***

***表示$p<0.01$

资料来源：根据课题组于2014年和2015年在江苏省连云港市灌云县、淮安市金湖县、宿迁市泗洪县和扬州市宝应县等四县的农户调研整理得到。采用单因素ANOVA方法检验两组间变量是否存在显著性差异，Bonferroni统计检验值均为0.000，表明变量之间存在显著性差异

2. 农地流转模式差异与农户农业生产投资

两种类型农地流转在农地规模经营和农地流转合约稳定性上存在很大差异，进而影响农户生产的投资决策。政府主导下转入户土地经营面积更大，农业生产经营性收入是其重要的收入来源，在相同的约束条件下，进行农业生产投资以最大化生产利润的动机更大。杨钢桥和靳艳艳（2010）对江汉平原和太湖平原农户农业生产投资决策的模型估计证实农地经营面积对农户农地资本投入具有显著的正向影响。

农地使用权是农户长期生产投资的重要影响因素，农地使用权越稳定，农户对长期生产投资回报越有信心，进行长期生产投资的动机越强（Jacoby et al., 2002；俞海等，2003）。农地流转合约是影响农地使用权稳定性的重要因素，长期的租赁合约保障了农户生产经营的稳定性，预期也会促进农户生产投资。农地流转合约规范性和租赁期限都会影响农地流转合约的稳定性。农户之间自发的土地流转以非正式流转为主，多未约定期限，流转关系可能随时终止；多数农地流转也没有签订书面合同，仅是口头协定（张正河，2009；叶剑平等，2010），农户生产经营面临着很大的不确定性，直接降低了其生产长期投资的积极性（王春超，2011）。政府主导型农地流转租赁期限更长，一般签订正式的书面合同（张正河，2009；诸培新和张建，2015）。因此，通过政府主导转入土地的农户合约较稳定，农户生产投资的积极性较高。本章主要考察农户自发和政府主导两种类型农地流转在农田道路、土地平整、修建灌溉和排水渠等长期投资及农业生产技能培训等人力资本投资上表现出的差异，以及这些投资差异对农户生产效率的影响。农机投资属于“与特定地块不相连的长期投资”，具有移动性和可分性，农地使用权稳定性不会对农户农机投资造成影响（许庆和章元，2005），因此农机投资不在本章考虑的范围内。由于调研地区使用农家肥的比例很小，农户农家肥类的长期投资也不在本章的研究范围内。此外，农地使用权稳定性差异对农户短期投资的影响不大，故短期生产资料投入不在本章的考虑范围内。

表 5-2 是对江苏省农户调研数据不同类型农地流转合约稳定性和农户生产投资的统计分析，农地流转合约稳定性以签订书面合同比例和农地流转期限两个指标衡量。可以看出，政府主导型农地流转签订书面合同比例高达 93.75%，而农户自发型农地流转的合同签订比例要低很多。政府主导型农地流转的合同期限是农户自发型农地流转的近 3 倍。因此，政府主导型农地流转的经营权较稳定。农业生产投资方面，政府主导下的农地转入户进行土地平整、沟渠建设等长期投资的比例约是自发型农地流转农户的 2 倍，农户参加农业技术培训等人力资本投资的比例高出自发流转农地农户约 17 个百分点，可见政府主导下的土地转入户农业生产投资的积极性更高。

表 5-2　农地流转模式差异与农户农业生产投资

农地流转类型	样本数/个	签订书面合同比例	农地流转期限/年	农业长期投资的比例	农业技术培训的比例	经济作物种植比例
农户自发型农地流转	189	14.30%	2	24.34%	23.28%	16.40%
政府主导型农地流转	96	93.75%***	5.8***	57.29%***	40.63%***	31.25%***

***表示$p<0.01$

农田道路、土地平整、修建灌溉和排水渠等长期投资有助于降低土地细碎化程度、改善农业生产条件等，进而提高农业生产效率。Wu 等（2005）研究发现，河北和湖北两地的土地整治项目改善了农田水利沟渠等灌溉条件和土地质量，提高了农作物产量，并降低了农业生产成本。随着田间道路的改善和土地细碎化程度的降低，农业机械作业得以推广，节省了劳动力投入成本。农业技术培训等人力资本投资有利于农户农业生产专业化、科学化，有利于农户采用提高产量、节约成本的农业新技术，从而提高农业生产效率（常向阳和韩园园，2014）。

3. *农地流转模式差异与农户种植业结构调整*

地方政府组织农地流转推动农地规模经营过程中，往往通过全局规划、统筹安排，因地制宜规划地方特色农业产业，将专业大户培育、农业项目引进等与地方农业产业发展结合，顺势进行种植业结构调整。农户种植业结构调整是指农户合理安排各种农作物及其品种的种植面积比例。农户种植业结构调整决策受到农户家庭偏好、经济利润预期、市场环境、政府引导等因素的影响（薛庆根等，2014）。一般而言，种植经济作物的收益要高于水稻、小麦等粮食作物，要求农户在生产信息、资金、技术等方面具有优势。

基层政府是农业结构调整的引导主体，对农户种植业决策具有重要影响。一是政府往往成为农户种植业结构调整的直接主导者（李婷和刘建平，2011），从新品种引进、技术培训、生产模式创新等方面推动农民参与种植业结构调整；二是基层乡镇政府为农户种植高效经济作物提供基础设施建设、农业信息化服务、技术咨询、市场与流通体系建设等社会化服务，以经济政策激励农户调整种植业结构，降低农户经济作物种植风险。例如，调研地区灌云县将西部南岗乡、龙苴镇、伊山镇定位为蔬菜种植基地，北部小伊乡、同兴镇以设施园艺为主，东部下车镇、杨集镇、东王集镇、图河镇建设一批规模化、集约化、标准化的粮食高效示范区。如表 5-2 所示，政府主导型农地流转下农户种植蔬菜、瓜果等经济作物的比例约为农户自发型农地流转的两倍，表明政府主导下农户进行了更大比例的种植业结构调整以最大化农业生产经济效益。

从以上的理论分析可以看出，农地流转使得土地流向农业生产能力较强的农户手中，能够提高农业生产效率。然而，农户自发的土地流转规模较小、流转合约期限较短，可能不利于转入户规模经营的实现和生产投资激励，农户农业生产绩效提高的程度有限。政府主导型农地流转可以实现农地规模经营，提高农地合约稳定性，促进农户生产投资并优化农户种植业选择，更有利于提高农户农业生产效率。因此，有如下两个假设。

假设 5-1：农户自发和政府主导两种类型农地流转在一定程度上都能提高农户农业生产效率，而政府主导型农地流转对农户农业生产效率的提升幅度更大。

假设 5-2：政府主导下转入土地的农户通过实现规模经济效益、增加农业投资和调整种植业结构来提高农业生产效率。

5.2 数据来源与研究方法

5.2.1 数据来源

研究数据来源于笔者所在的课题组于 2014 年和 2015 年在江苏省连云港市灌云县、淮安市金湖县、宿迁市泗洪县和扬州市宝应县的农户调研。四县均是农业大县，农业生产以水稻、小麦为主，部分农户种植蔬菜、瓜果等经济作物。调研包括灌云县 7 个乡镇，金湖县和泗洪县各 5 个乡镇，宝应县 4 个乡镇，乡镇的选择综合经济发展水平、地域分布和水土资源状况，然后在每个乡镇随机选择 1~3 个行政村，每个行政村随机选择 20~30 个农户进行调研。调研时，先和村组干部进行必要的沟通并进行村级层面的问卷调查，随机在村组内寻找农户进行入户问卷调研，遇农户怀疑时请村组干部给予必要的解释以打消疑虑。由于农村青壮年劳动力多外出打工，被访问样本年龄偏差偏大。但考虑到研究以居住在农村地区从事农业生产的农户为主，样本选择偏差对研究结论并不会有太大影响。调研一共收集到 1 221 份农户有效样本数据，其中，转入户 285 份，转出户 589 份，未流转农户 347 份。调研发现，存在既转出又转入的农户，且这类农户主要存在于泗洪县，泗洪县转入户调研比例的 78%均是既转出又转入农户。原因是泗洪县部分乡镇采取的是农户统一转出土地后再返租给种植大户的做法，农户土地流转行为以转入为主，考虑到样本量的问题，本章把泗洪县既转出又转入的农户归为转入户。其他 3 个县的既转出又转入农户极少，研究将其删除，并未计入农户有效样本中。调研内容包括 2013 年农户家庭基本情况、土地流转情况、农业生产情况、劳动力非农就业情况等。由于转出户多数退出农业生产领域，所以本章主要关注转入户和未流转农户的农业生产情况，实证分析中仅用到转入户和未流转农户数据共 632 份。为了有效区分转入户通过何种方式租入土地，本章设计了两个问题。第一个问题是“谁组织的土地流转”，选项包括“1=上级政府；2=村集体；3=个人协商”，由于村集体组织土地流转一般是上级政府考核要求的，将选择 1、2 选项的转入户归为政府主导的农地流转类型，选择 3 选项的归为农户自发的农地流转类型。第二个问题是“合同的签订方式”，选项包括“1=直接与对方签订；2=通过村集体签订；3=未签订合约；4=其他”，自发的流转一般是转入户直接与对方签订合约或未签订合约（选项 1 和 3），而通过政府主导完成的土地流转一般是由村集体与流转双方分别签订合约（选项 2）。

5.2.2　模型构建

农业生产效率是一个多维度的概念，包括土地生产效率、劳动力生产效率、全要素生产效率等多种类型。其中，土地生产效率和劳动力生产效率侧重于评价单要素投入生产效率。土地生产效率是衡量农业生产能力的重要指标，以单位面积农业产量或产值度量。劳动力生产效率是指农业劳动力投入产出水平，是农业收入与实际劳动用工量或家庭农业劳动力数量的比值（石晓平和郎海如，2013）。单要素生产效率不涉及要素之间的替代关系，而事实上农户会根据要素价格决定要素投入，即各种要素之间是相互替代的，要反映生产过程中要素综合使用情况的农户效率，就需要全要素生产率（李谷成等，2009；戚焦耳等 2015）。农业生产全要素生产率是指扣除土地、劳动力和资本等要素投入对生产率增长的贡献后，技术进步、专业化、组织创新等带来的生产效率增加。因此，本章在评价土地、劳动力等单要素生产效率的同时，也关注全要素生产效率。由于土地和劳动力生产效率根据已有的调研数据可以直接计算得到，而全要素生产效率需要由农户生产函数估计得到，本章首先构建农户土地和劳动力生产效率模型，然后介绍全要素生产效率的计算和估计模型。

1. 土地和劳动力生产效率

本章采用 Cobb-Douglas 生产函数进行土地和劳动力生产效率的估计，采用的函数形式为

$$\ln(Y) = \alpha_i + \beta\ln(X_i) + \gamma_1 R_1 + \gamma_2 R_2 + \eta S_i + \sum_i \pi_1 R_1 S_i + \sum_i \pi_2 R_2 S_i + \upsilon \sum_i D_i + u_i \tag{5-1}$$

基本的 Cobb-Douglas 生产函数投入变量只包括土地、劳动力和资本要素，式（5-1）是它的拓展形式，综合考虑农户家庭特征、地区农业生产条件、不同类

型农地流转（农户自发和村集体组织）对农户农业生产效率的影响。变量的定义如下。

（1）Y 表示农户农业生产效率，包括土地生产效率和劳动力生产效率。在计算农业生产效率时，本章采用的是粮食作物和经济作物价值加总的形式，土地生产效率由加总价值除以农地经营面积得到，劳动力生产效率由加总价值除以农业生产劳动力投入得到。

（2）X_i 表示农业生产中的土地、劳动力和资本要素投入。土地要素投入是农户土地经营面积，包括自家承包地面积和转入的土地面积；劳动力要素投入包含自家和农业雇佣劳动力投工数量，单位用工量为一个“标准劳动日”；资本要素投入是农户生产中投入的物质费用总价值，包括种子、化肥、农药、机械等各种费用。

（3）R_1 和 R_2 分别是农户自发型农地流转和政府主导型农地流转的虚拟变量，以未流转农户样本为基础。通过设置农地流转类型虚拟变量，可以捕捉到不同类型农地流转对农户生产效率的直接影响。但是，此变量无法体现具体的作用机制，因此，接下来需要引入农地流转类型与其他变量的交互项。

（4）S_i 是影响农业生产效率的其他农户家庭因素和生产异质性因素，包括家庭成员是否接受农业技术培训、家庭非农业收入比重、经济作物种植、农业生产长期投资等。农业技术培训是人力资本投资的重要内容，有利于农户了解农业生产规律，提高农业生产技术能力，也有助于农户采纳农业新技术（Noltze et al.，2013）。家庭非农业收入比重表征农户非农就业对农户农业生产效率的影响。农户非农就业活动可能造成农业生产人力资本的流失，但非农业收入的增加解除了农户生产成本投入的约束，有利于农户增加生产投资，因此，非农业活动对农户农业生产同时具有“劳动力损失效应”和“收入效应”，且两种效应对农业生产效率有着相反的作用（Shi，2007）。经济作物种植和农业生产长期投资分别是二值变量。农户种植经济作物赋值为1，否则为0。经济作物的市场价格较高，预期可以提高农业生产效率。农业生产长期投资有利于土地质量和灌溉条件的改善，长期来看，有助于农业生产效率的提高，短期内可能没有化肥等生产性投资增产的效果明显。此外，为促进农村和农业发展，政府进行了以土地整治项目为主的农村基础设施投资（Wu et al.，2005），改善了农业生产条件，对农户生产投资形成替代效应。因此，农户对农业生产的长期投资对农业生产效率的影响是不确定的。

（5）R_1S_i 和 R_2S_i 分别是不同类型农地流转和部分农户生产特征变量的交叉项，用于揭示农地流转类型差异对农户生产效率影响的作用机制。理论分析与表 5-1 和表 5-2 的描述性分析表明，农户自发和政府主导农地流转所具有的规模经济效应和合约稳定性差异对农户生产投资和种植业结构调整有很大影响，进而作用于农业生产效率。因此，为了检验理论上的这种效应是否存在，分别设置农地流转类型与农业技术培训、经济作物种植、农业生产长期投资的交叉项。

（6）D_i 是地区虚拟变量，本章研究对象为江苏省四县，为了控制县级区域差异对农业生产的影响，以灌云县为基础，分别设置金湖县、泗洪县和宝应县三个虚拟变量。

此外，下标 i 表示调研农户个体，α_i 是效率参数，β，γ_1，γ_2，η，π_1，π_2 和 υ 分别为农户生产效率影响因素估计系数，u_i 为模型随机误差项。

2. 全要素生产率

首先，构建农业生产的 Cobb-Douglas 生产函数：

$$\ln(Y)=\alpha+\beta_{\mathrm{A}}\ln(A_i)+\beta_{\mathrm{L}}\ln(L_i)+\beta_{\mathrm{K}}\ln(K_i)+u_i \qquad (5\text{-}2)$$

其中，Y 是农户种植业总收益，生产函数中只包含土地、劳动力和资本要素投入；β_{A}，β_{L} 和 β_{K} 分别是三种要素的产出弹性。然后定义 $\mathrm{RTS}=\beta_{\mathrm{A}}+\beta_{\mathrm{L}}+\beta_{\mathrm{K}}$，对要素产出弹性进行正规化处理得到：$\beta_{\mathrm{A}}^*=\beta_{\mathrm{A}}/\mathrm{RTS}$，$\beta_{\mathrm{L}}^*=\beta_{\mathrm{L}}/\mathrm{RTS}$，$\beta_{\mathrm{K}}^*=\beta_{\mathrm{K}}/\mathrm{RTS}$，则全要素生产率可定义为

$$\mathrm{TFP}=Y/\left(A_i^{\beta_{\mathrm{A}}^*}L_i^{\beta_{\mathrm{L}}^*}K_i^{\beta_{\mathrm{K}}^*}\right) \qquad (5\text{-}3)$$

通过式（5-1）构建出农地流转类型变量和其他外生性变量对农户全要素生产率的影响：

$$\ln(\mathrm{TFP})=\alpha+\gamma_1R_1+\gamma_1R_2+\eta S_i+\sum_i\pi_1R_1S_i+\sum_i\pi_2R_2S_i+\upsilon\sum_i D_i+u_i \qquad (5\text{-}4)$$

自变量的含义与式（5-1）相同，变量的描述性统计具体见表 5-3。

表 5-3　变量的描述性统计

变量	定义	平均值	标准差
因变量			
种植业总收益	粮食作物和经济作物总价值/元	74 385.930	176 331.000
土地生产效率	种植业总收益/农地经营面积/（元/公顷）	205.503	150.146
劳动力生产效率	种植业总收益/劳动力总用工/（元/工）	423.030	711.440
全要素生产效率	计算值	63.380	39.430
自变量			
土地要素投入	农业生产投入的农地面积/公顷	1.997	4.856
劳动力要素投入	农业生产自家用工加雇佣劳动力	264.720	654.431
资本要素投入	农业生产投入的物质费用/元	32 210.120	92 636.180
农户自发转入	1=农户自发转入户；0=其他	0.300	0.458

续表

变量	定义	平均值	标准差
政府主导转入	1=政府主导转入户；0=其他	0.150	0.359
农业技术培训	家庭成员是否接受农业技术培训（1=是；0=否）	0.200	0.402
自发流转×技术培训	农户自发转入和农业技术培训的交叉项	0.070	0.255
政府主导流转×技术培训	政府主导转入和农业技术培训的交叉项	0.060	0.241
是否种植经济作物	1=是；0=否	0.120	0.324
政府主导流转×经济作物	农户自发转入和是否种植经济作物的交叉项	0.050	0.216
政府主导流转×经济作物	政府主导转入和是否种植经济作物的交叉项	0.050	0.213
农业生产长期投资	1=进行长期投资；0=未进行长期投资	0.160	0.369
自发流转×长期投资	农户自发转入和农业生产长期投资的交叉项	0.070	0.259
政府主导流转×长期投资	政府主导转入和农业生产长期投资的交叉项	0.090	0.282
非农业收入比重	非农业总收入占家庭总收入比重	0.600%	0.504%
地区虚拟变量			
金湖县	1=金湖县；0=其他	0.440	0.496
泗洪县	1=泗洪县；0=其他	0.250	0.432
宝应县	1=宝应县；0=其他	0.230	0.421
样本量/个	632		

5.3 估计结果及讨论

5.3.1 不同类型农地流转对农户土地生产效率的影响

如表 5-4 所示，第（1）和（2）列是模型（5-1）［即式（5-1）］土地生产效率模型的估计结果。第（1）列是仅包含土地、劳动力、资本要素投入及控制农地流转类型与地区变量的农业生产效率模型，第（2）列进一步加入其他控制变量。可以发现，通过政府主导转入土地的农户明显增加了土地生产效率，增加幅度在 30.6%[①]和 31.3%之间。农户自发流转对土地生产效率的影响并没有得到显著性证明，第（1）列的估计结果表明农户自发流转在 0.1 的水平上显著增加了土地生产效率，而第（2）列在控制其他变量后显著性消失。观察农地流转类型和农户生产投资的交叉项系数，发现政府主导土地流转下农户种植经济作物大大提高

① 计算方法是 exp（估计系数）−1，下同。

了土地生产效率，增加幅度高达 167.8%①。这说明政府主导土地流转影响农户土地生产效率的作用机制是通过改变农户的作物种植决策实现的。基层政府合理引导农户进行种植业结构调整，种植效益较高的经济作物，提高农业生产效率。

表 5-4　土地生产效率和劳动力生产效率影响因素估计结果

变量	土地生产效率模型（1）				劳动力生产效率模型（2）			
	（1）		（2）		（3）		（4）	
	B	S.E.	*B*	S.E.	*B*	S.E.	*B*	S.E.
土地要素投入	−0.430***	0.045	−0.180***	0.044	0.406***	0.039	0.574***	0.044
劳动力要素投入	0.082***	0.021	0.008	0.017	−0.939***	0.018	−0.978***	0.017
资本要素投入	0.375***	0.043	0.243***	0.035	0.507***	0.037	0.435***	0.035
农户自发转入	0.069*	0.040	0.061	0.085	0.005	0.035	0.147*	0.085
政府主导转入	0.267***	0.059	0.272**	0.122	0.171***	0.051	0.203*	0.121
农业技术培训			0.074	0.046			0.060	0.046
自发流转×技术培训			−0.015	0.065			0.076	0.064
政府主导流转×技术培训			0.051	0.075			0.119	0.074
经济作物			0.507***	0.077			0.119	0.076
自发流转×经济作物			0.067	0.094			0.079	0.094
政府主导流转×经济作物			0.478***	0.103			0.499***	0.102
农业生产长期投资			−0.029	0.275			−0.062	0.272
自发流转×长期投资			0.110	0.279			0.200	0.277
政府主导流转×长期投资			0.003	0.281			−0.036	0.278
非农业收入比重			−0.048**	0.023			−0.084***	0.022
金湖县	0.063	0.058	0.240***	0.047	−0.075	0.050	0.005	0.046
泗洪县	−0.079	0.058	0.142***	0.048	−0.027	0.050	0.067	0.047
宝应县	−0.141**	0.058	0.077	0.049	−0.047	0.050	0.042	0.048
常数项	5.086***	0.278	5.888***	0.229	4.278***	0.241	4.711***	0.227
观测量	632		632		632		632	
F 统计量	33.66***		42.94***		558.51***		289.18***	
调整 R^2	0.294		0.572		0.877		0.902	

***表示$p<0.01$，**表示$p<0.05$，*表示$p<0.1$

注：*B*为回归系数；S.E.为回归系数标准误差

① 由 exp（0.507+0.478）−1 计算得到。以一个简单的数学模型说明交互项的作用。假设农户生产效率方程为 $y=\alpha x_1+\beta x_2+\gamma x_1 x_2$，$x_1$ 和 x_2 分别为影响农户生产效率的两个因素，考虑因素 x_2 与 x_1 的交互作用，方程两边对 x_1 求偏导，右边为 $\alpha+\gamma x_2$，即 x_1 对 y 的作用由两部分组成：一部分是系数 α；另一部分是 γx_2。

其他变量中，对农户土地生产效率有着显著影响的主要是土地要素投入、资本要素投入和非农业收入比重，见表5-4第（2）列。土地要素投入对土地生产效率的负向影响反映了农地经营规模和农业生产的反向关系，即农地经营规模变大，土地单要素生产效率会降低。这种反向关系被国内外许多学者证实，主要原因是劳动力、土地等要素市场的不完善，耕地质量差异及农户异质性因素的影响等（李谷成等，2009）。资本要素投入对土地生产效率的贡献最大，资本投入每增加1%，土地生产效率增加24.3%~37.5%。非农业收入比重会降低农户土地生产效率，表明农户劳动力非农就业对农业生产的劳动力“损失效应”超过“收入效应”。

5.3.2 不同类型农地流转对农户劳动力生产效率的影响

如表5-4所示，第（3）和（4）列是模型（2）劳动力生产效率模型的估计结果。第（3）列是仅包含土地、劳动力、资本要素投入及控制农地流转类型与地区变量的农业劳动力生产效率模型，第（4）列中进一步加入其他控制变量。通过政府主导转入土地的农户明显增加了劳动力生产效率，增加幅度在18.7%和22.5%之间。农户自发流转对农业劳动力生产效率的影响只在第（4）列中显著，可以增加15.8%的劳动力生产效率，但低于政府主导农地流转对劳动力生产效率的增加幅度。农户生产投资对农业劳动力生产效率的影响中，仅有政府主导流转和经济作物的交叉项系数显著为正，见表5-4第（4）列，表明通过政府主导转入土地后农户种植经济作物可以显著提高农业劳动力生产效率。

如表5-4所示，表征农地经营规模的土地要素投入对农业劳动力生产效率的贡献度最大，农地面积增加1%，农业劳动力生产效率提高57.4%，因此，增加土地要素投入可以显著提高农户劳动力生产效率，可能是因为随着土地经营规模的扩大，农业生产机械化可以替代人力投入。相对农户自发的转入户，政府主导转入户的农地经营面积更大，因而实现了劳动力生产效率的提升。资本要素投入增加1%，农业劳动力生产效率提升43.5%。农业生产劳动力要素投入对劳动力生产效率有着显著的负向影响，表明农户在土地上投入的劳动力越多，劳动力生产效率越低，可能的原因是土地规模的限制，农户劳动力过多投入单位面积土地上造成农业生产过程中存在“剩余劳动力”，这部分劳动力并不增加农业产出，因此表现为劳动力生产效率的下降。

5.3.3 不同类型农地流转对农户全要素生产效率的影响

本章先估计农户生产函数［模型（5-2）］的各要素产出弹性，并求解出全要素生产率 TFP［模型（5-3）］，然后估计农户全要素生产率模型［模型（5-4）］①，结果见表 5-5。表 5-5 中第（1）列是农户农业生产函数估计结果。从各生产要素投入产出弹性来看，资本要素投入产出弹性最大，其次是土地要素投入，劳动力要素投入的产出弹性最小，这与许多学者的研究一致，即稀缺性的土地资源和资本要素对中国农业生产有着重要贡献（Wu et al.，2005）。

表 5-5　全要素生产率影响因素估计结果

农业生产函数			全要素生产效率		
（1）			（2）		
控制变量	*B*	S.E.	控制变量	*B*	S.E.
土地要素投入	0.430***	0.038	农户自发转入	0.094	0.077
劳动力要素投入	0.047***	0.016	政府主导转入	0.146*	0.113
资本要素投入	0.528***	0.037	农业技术培训	0.068	0.046
$RTS=\beta_A+\beta_L+\beta_K$	1.005		自发流转×技术培训	0.067	0.065
β_A^*	0.428		政府主导流转×技术培训	0.137*	0.074
β_L^*	0.046		经济作物	0.127*	0.076
β_K^*	0.525		自发流转×经济作物	0.037	0.094
			政府主导流转×经济作物	0.418***	0.100
			农业生产长期投资	−0.077	0.274
			自发流转×长期投资	0.203	0.279
			政府主导流转×长期投资	−0.021	0.280
			非农业收入比重	−0.091***	0.022
观测量	632		观测量	632	
F 统计量	3 069.48***		*F* 统计量	10.87***	
调整 R^2	0.936		调整 R^2	0.191	

***表示$p<0.01$，*表示$p<0.1$

注：*B*为回归系数；S.E.为回归系数标准误差。为减少篇幅，县级区域虚拟变量和常数项估计结果未在表格中显示

表 5-5 中第（2）列是农户全要素生产效率的估计结果。可以发现，通过政府主导转入土地的农户显著增加了全要素生产效率，而农户自发的土地流转对全要素生产效率的增加效应并不显著。考察发现，农业技术培训和种植经济作物是政府主导转入户的全要素生产效率增加的重要原因。其中，种植经济作物对政府主导转入户农业全要素生产效率的提升幅度为 72.5%，技术培训对政府主导转入户

① 模型（5-2）~模型（5-4）即式（5-2）~式（5-4）。

农业全要素生产效率的提升幅度为 22.7%。非农业经营活动会降低农户全要素生产效率，表明兼业会影响农户农业生产的专业化程度，不利于农业生产技术进步和效率提升。

5.4 结论与讨论

5.4.1 结论

本章在理论分析的基础上，基于江苏省四县的农户调研数据，实证考察了农户自发与政府主导两种类型农地流转对农户农业生产效率的影响。主要结论如下。

（1）相对于自发流转的农户和未流转农户，政府主导型农地流转大幅度提高了农户农业生产效率，而自发流转对农户农业生产效率的影响并未得到显著性验证。

（2）政府主导型农地流转提高农户农业生产效率的作用机制主要是通过激励农户种植价值更高的经济作物及进行农业生产人力资本投资实现的，农业生产长期投资并未提升农户农业生产效率，可能的原因是化肥等短期生产资料投入对农业生产效率的贡献更大，会替代长期投资的农业增产效应。相对于化肥投入，长期投资对土壤质量保护和生产效率的改善具有可持续性，长期而言，对农业生产效率的提升作用会更加明显。

5.4.2 讨论

农村土地制度改革过程中，政府是否应当干预土地资源配置及如何干预一直是学术和政策界关注的热点问题。本章研究认为，在当前农地流转市场尚不完善、农民参与土地流转面临较高的交易成本的情况下，地方政府干预通过提供土地流转信息、规范合同管理，弥补了农户之间自发流转的缺陷，降低了农地流转交易费用，极大地促进了土地流转；政府主导农地流转解决农业生产主体的用地问题，扶持种植大户等经营主体发展，促进农业部门的生产投资，有利于实现农地规模经营，提高农业生产效率；基层政府合理引导农户种植业产业结构调整，通过种植高价值的经济作物等提高农业生产利润，增加农民收入。然而，政府干预农地流转也面临很大争议（王景新和刘福海，2007；田先红和陈玲，2013），如存在强制农民流转土地、基层乡村干部腐败、寻租等行为侵犯农民土地权益的现象（王景新和刘福海，2007；田先红和陈玲，2013；陆道平和钟伟军，2012）。因此，在发挥基层政府农地流转中介服务作用的同时，要进一步规范政府行为。笔者认为，第一，应当明确政府在农地流转中的监管职责，避免直接的政府干预；第二，政府要加强农地流转有形和无形的市场建设，通过建立土地产权交易平台，完善市场竞价机制，从而降低农地流转交易费用。

5.5　本章小结

本章研究了政府主导和农户自发两种类型农地流转对农户农业生产效率的影响差异，对于指导我国农地流转模式选择具有重要意义。基于江苏省四县的农户调研数据，实证考察了政府主导和农户自发两种类型农地流转对农户土地、劳动力和全要素生产效率的影响差异。研究表明，相对于自发流转的农户和未流转农户，政府主导型农地流转显著提高了农户土地、劳动力、全要素生产效率；政府主导型农地流转在农地经营规模、合约稳定性和种植业结构调整等方面表现出明显的优势，更有利于提高农户农业生产效率。计量研究发现，政府主导下农户种植高效经济作物和农业生产人力资本投资的比例明显较高，成为提高转入户农业生产效率的主要作用机制。然而，研究并未证实农地自发流转对农户农业生产效率的显著影响，可能原因是自发流转的小规模和较短的流转期限降低了农户农业生产的绩效。政策启示是，有效地发挥政府在农户土地流转和规模经营中的中介作用，合理引导农户土地流转规模、农业生产投资和种植业结构调整，能够提高土地转入农户的农业生产效率。

第6章　农户土地股份合作化与农户收入变化

农地股份合作社作为一种内生于农村经济发展的合作性经济组织，打破了传统家庭经营的小而分散、低效率高成本、规模不经济的桎梏，在促进土地流转、农村劳动力转移尤其是增加农民收入方面，都不同程度地弥补了家庭承包经营存在的制度缺陷（陈锡文，1992；王小映，2003）。

为此，中央政府从顶层设计的高度，出台了多项政策措施，以多种形式培育和发展农村股份合作社。其中，党的十七届三中全会首次从政府层面界定了土地股份合作社的内涵，指出土地股份合作社是家庭承包土地经营权流转的主要方式之一。在随后的中国共产党第十八届三中全会上，又提出只有通过不断培育和发展农民股份合作社等一类农村合作经济组织，才能最终保障农村广大农户的合法权益。在2014年和2015年连续两年的中央一号文件中，均鼓励和发展有条件的农户流转承包地的经营权，鼓励地方各级政府积极地培育和发展具有当地特色的农民专业合作社，以提高农民的组织化程度，而土地股份合作社正是符合上述要求和期望的一种土地流转和规模经营的新方式。此外，地方各级政府也积极响应中央号召，鼓励土地股份合作社的发展。其中四川、湖南、江苏、安徽、上海、浙江、广东等地均推行了土地股份制，拓宽了农户流转土地的渠道，促进了金融资本、技术、管理等资源要素向农村配置。

但是，在土地股份合作社的实践探索过程中，也存在很多问题，早期成立的部分土地股份合作社由于经营不善等种种原因面临倒闭或者名存实亡，无论是实践层面还是理论研究层面，对农户从股份合作社获得的收益大小、土地股份合作社对农户增收的作用机制均存在疑问。为此，本章以江苏省土地股份合作社为分析样本，从内部治理结构和外部溢出效应两个维度上深入剖析土地股份合作社对农民收入的影响机理，并基于江苏省农村地区的案例和农户调研数据，实证研究土地股份合作社发展对农户收入的影响，为促进土地股份合作社规范有序发展、提高农业效益和增加农民收入，提供理论支撑与可行的政策建议。

6.1　土地股份合作社影响农民收入的机理分析

从总体上看，土地股份合作社凭借其制度安排的特殊性、经营组织上的优势，主要从两个维度对农民收入产生重要的影响。一是合作社在经营过程中特殊的内部治理结构，主要包括土地股份合作社的产权设置、收益分配；二是合作社发展过程中出现的外部溢出效应，主要是指在土地股份合作社发展过程中形成的规模效应，股份合作社对劳动力转移的促动作用及通过与其他类型的农民专业合作社建立垂直链接所带来的溢出效应。无论是其特殊的内部治理结构还是经营过程中的外部溢出效应，最终指向的都是入股社员的收益，亦即最终都会对农民的增收产生不同程度的影响。

6.1.1　农村土地股份合作社内部治理结构与农民收入

土地股份合作社的内部治理结构本质上是关于合作社内部各要素控制权和索取权的一种制度安排。土地股份合作社的核心要素——土地产权制度是其内部治理结构得以稳定发挥作用的基本前提，具体的组织形式是其持续运行的重要保障，最终的收益分配是其经营的根本目的。

1. 土地股份合作社的产权设置与农民收入

土地股份合作社的制度安排本质上是为了克服原先农村集体土地所有制的诸多弊端，包括产权主体缺位、排他性较差、缺乏安全性、转让权受限等产权制度上的缺陷，正是这些缺陷严重阻碍了农村社会经济的进一步发展。

产权制度是为了通过对所有权等合理的制度安排，达到资源的最优配置。产权理论明确指出，只有确保产权设置的明晰性、可排他性和可交易性，才能充分保证资源的完全流动与最优配置。就此而言，农村土地股份合作制相比于过去的农村土地制度安排，其与农民的利益联系更加特殊，本章拟从农地产权的明晰性、排他性、安全性、可转让性和权责利益对称性等方面对农地股份合作制的产权特征进行深入的剖析，厘清这一特殊的产权设置与农民收入之间的内在联系。

1）产权的明晰性与农民收入

产权是否明晰，关系到经济主体所取得的收益是否能够得到稳定的保障。在现行的农村土地集体所有制安排下，农地产权就其实质而言是一种社区所有制

（钱忠好，1999），它以社区成员的身份特征作为取舍标准，但是这一制度安排使得农地资产并不能对象化和具体化到农户个人，农户与集体资产之间的产权关系极为模糊。正因为农户个人对土地的产权与集体产权之间的边界过于模糊，以至于农户从土地上取得收益的所有权边界也同样模糊，收益的不稳定性会影响生产者的生产积极性。

在农地股份制的安排下，农地股份合作制将农地股权量化并分配到农户，实现了农地产权的具体化和对象化，在一定程度上还原了农地集体所有制本来的面貌。此外，农地股份合作社的这种产权制度安排无论是对农户收益而言，还是对土地股份合作社整体的经营而言，都具有积极作用，具体表现如下：其一，对农地股份合作社的整体经营而言，通过登记注册后的农地股份合作社作为独立的财产法人主体，可以依法支配承包农地，并对其进行经营管理。土地股份合作社依法集中管理经营土地改变了原先零散、碎片化的土地生产经营形式，使得小而松散的农业经营转变成为一种规模化的经营，有利于农地生产效益的提高，并且由于土地股份合作社在规章制度上也规定了农户不得随意退股，这就保障了农地股份合作社的正常运行，保证了其法人财产所有权的稳定性。其二，承包大户通过公开竞标获得承包期内农地的使用权，农地股份合作社和承包户之间建立了稳定的承包合约关系。农地股份合作社与承包户之间这种相对明晰的产权关系保障了转出者与转入者双方的合法利益，保障了资产所有者的合法权益，达到使分属不同所有者的资产能在一定范围内实现联合经营，提高经济效益的目的（王康如，2012），最终促进农民增收。

2）产权的排他性、安全性与农民收入

土地股份合作社除了通过明晰产权进而促进农民增收外，其产权本身的属性——排他性也有利于保障相应经济主体的收益。我们通常所说的产权排他性是从两个层面上进行界定的，即所有权和使用权。前者顾名思义，界定的是物权的归属问题（同时还包含所得收益）；后者则强调物权的拥有者对该物品使用的独立性，既不受外部因素的干预，也防止其他经济主体的“搭便车”行为。回顾我国农村土地制度的发展历程，传统的农地集体所有制所体现出来的排他性极其微弱，虽然农户具有农地使用权，但是部分地区农户仍然面临农地的经常性调整及来自“上级”对承包地的生产经营性安排的压力，这使得农户无法获得固定于某一块地排他性的使用权，这种权利的残缺使农户丧失了对农地长期投资的积极性。农村土地股份合作制使农户对农地的所有权有了较强的专一性和排他性，这种专一性和排他性的好处在于排他性的产权属性可以对所有者产生一种直接的激励，以促进其提高效率和生产能力，这种排他性的存在，不但有效阻止了其他行为主体（如我国当前的村集体等行政主体）对农地的干预，而且遏制了在农地生产过程中可能存在的“搭便车”和“外部性”，保障了农户的收益，使得农户对自身拥有的这块土地的未来收益有了稳定的预期。

此外，在现行的农地集体所有制下农地产权的安全性较弱。尽管农地承包政策的不断完善使广大农户对土地承包充满信心，农户的土地承包权有了一定程度的保护，但是基于人口压力，农地经常性调整依然存在，这就使得单个农户的土地经营权始终处于变动之中，这种产权的不安全性大大降低了农户对农地的投资意愿。另外，我国过去传统的土地制度安排，强调的是一种物权的集体所有，即通过传统的农地集体所有制安排实现农地的平均分配。随着土地股份合作制的推行，首先改变的就是这种制度安排，将原先的实物平均转变为农民从土地上获得的收益的平均。正是这种对集体土地制度安排的改变，最终使得农民可以在“脱离”土地实物的情况下依然享有土地的收益，使得农地股份合作社对农地的支配和处置变得更加独立，不再受制于农地股权的让渡，也充分保障了土地股份合作社等类似的法人组织的财产所有权。通过土地入股，农民实现了“离地不失地，离地不失权”，农民的土地权益得到了有效的制度保护。农民将土地使用权通过入股的形式转移到土地股份合作社中，可以避免小农户私下流转时出现的土地经常性变动，同时保护了耕地质量，提高了土地的利用率，此时土地利用的选择性更大，土地产出的潜在增长，直接作用于农户收入。农民将土地承包经营权入股后，土地的使用权实现了实物形态和价值形态的分离，土地股份合作社将分散零碎的承包地整合起来，土地发挥了最大的潜力，同时避免了土地频繁调整带来的效率损失。

3）产权的可转让性、权责利益对称性与农民收入

第一，产权的可转让性指的是资产的转出、转入的经济行为的有效性。一般而言，在现行农地集体所有制的制度安排下，农地产权的可转让性受到诸多限制，不仅存在着农地产权进入市场的限制，而且农户转包土地需要在村集体同意的前提下自找对象、协商承包，影响了土地资源配置的效率。经济学的基本理论告诉我们，在一个完善的市场上，资源要素是可以实现合理顺利流动的，也只有要素资源的这种顺利流动，才能使经济主体从低收入转变为高收入，实现收入增长。农村土地股份合作制中明确了产权的可转让性，使得土地承包经营权、转让权更自由，土地要素的流动变得更加便捷，入社后的农户在土地股份合作社中可以充分行使自己的表决权，这使土地承包经营权转让变得更加便利和自由，农户可以实现资源和人力资本整合优化的最大化，最终促进农民收入的增长。

第二，农地股份合作制下农民凭借股权参与分红，实质是将农地的所有权还给了农民，充分体现了农民所有权的具体化和对象化。农民的土地使用权也转化为在土地股份合作社中的监督权，具备股权的入股农户更加积极地参与土地股份合作社的经营决策和监督。合作社章程明确规定，入股农户有权“参与社员代表大会，具备表决权、选举权和被选举权；有权对合作社的工作提出批评和建议；

有权监督社员大会和社员代表大会；有权按照章程规定程序退社”。同时，合作社按照合作社章程将股权量化为农户的收益权，入社后农户的股权与投票权、收益权相一致。

农地股份合作制中将权能责任和利益表现明确为风险共担、利益共享。农地股份合作制通过对农地个人股权的确认，激发了持股人关心农地资产的积极性。通过持有股权，农户可以分享农地股份合作社的收益。小农零散的承包地收益有限，通过土地经营权入股，将分散零碎的承包地集中生产后，可以充分利用生产要素、降低决策成本、深化农产品的价值链、增加土地的收益，由于农户股权和收益权一致，农户的土地收益得到了保证。

2. 土地股份合作社的收益分配与农民收入

1）土地股份合作社的收益分配

与土地股份合作社收益分配直接相关的是股权设置和股红分配。土地股份合作社的股权设置，是指合作社针对不同的产权主体、入股对象及其入股资产，通过一定的制度规定设置对应的股份，并以此来划定收益分配的标准。此外，股权设置还包括一些具体的规定，如社员能够自由退股等。由于股权设置一般以农民的利益为制定相应规章的出发点，并以此确定收益的构成及分配的时间，充分保证了农民的财产权益，就这一点而言，股权设置是农地股份合作社收益分配的首要前提。现行土地股份合作社在股权设置上，主要设置的是个人股，也配有少量的集体股、设备股、管理股、信息股及机动股等。集体股是指将用于农业生产的集体资产折价入股所拥有的股权。个人股是指合作社社员所拥有的土地承包经营权股、物业股和现金股，其中土地承包经营权股是指以土地承包经营权入股或承包土地评价后量化入股，平均分配给本区社员；物业股是指根据合作社社员年龄差异分配的股权，该种股权设置多出现在以社区为单位的土地股份合作社中，合作社将村集体全部资产折股量化；现金股，顾名思义，是指社区成员可以出资购买的股权。设备股是指以农业生产设备量化入股，设备拥有者持有一定比例的股权。管理股是指对村干部的贡献给予部分量化的股份。信息股是指以信息技术量化入股所配有的股权。机动股是为了处理外嫁人员或者新生儿童的土地股份问题而设置的股权。

2）土地股权化和农民收益

土地股权化有利于农民收益权的实现。相比于原来农村集体所有制下界定模糊的成员权，土地股份制通过设置和分配股权能够满足农民公平拥有财产的要求，实现追求利益最大化的目标。

现行土地股份合作社的收益分配分为三种：第一种是只有保底租金，股份合作社进行股权量化以后，按照每亩固定租金分配合作社收益，这种模式多见于内股外租型股份合作社中，股份合作社只作为土地流转的中介，并不直接参与土地经营。第二种方式为“保底租金+二次分红”的形式。农户不仅每年可获得按股分配的固定收入，还可以在年终（中）的时候获得股份合作社的二次分红，土地股份合作社将合作社的收益按照保底收入分配给农户以后，将剩余利润提取一定比例的公积金、公益金和管理费用后按股进行二次分配。采取“保底租金+二次分红”的收益分配方式，既可以维护承包地的社会保障功能，又可以大大增加农民基于土地的财产性收入。第三种形式为“基本分红+超产分红”。这种收益方式多见于自主经营型土地股份合作社，并且该种合作社和专业合作社合作，部分入股农户拥有双重身份。对于农户通过参与股份专业合作社成为合作社社员并且参与生产经营的股份制模式，农民可以直接分享规模经营的收益。入社土地的分红分为基本分红和超产分红两部分，基本分红按照农户入股前大多数农户单位面积的收益确定，超产分红是在基本分红基础上对超产部分（以多数农民入社前的单产水平为基准）的再次分红，分给农民的部分不少于超产额。这样，入社农民的土地分红收益不仅不会比自己经营的所得少，还会随生产发展有所增加。

6.1.2　土地股份合作社外部溢出效应与农民收入

随着土地股份合作社的不断发展，由土地股份合作社引致的规模效应也逐渐显现出其重要的经济作用。本节从土地股份合作社发展过程中内部与外部两个层面上的规模效应来分析由土地股份合作社所带来的经济效应及其对农民增收的促进作用。

1. 土地股份合作社的内外部规模效应与农民收入的关系

总体而言，土地股份合作社发展过程中所引致的规模效应可以分为内部与外部两个层面。内部规模效应是指在土地股份合作社成立并不断发展的过程中，随着社员将土地流转给合作社，原来小而散的土地被整合起来统一经营，便于实现土地的规模化生产，这也使得这部分从事小规模生产经营的农户改变了原先的劳动方式和劳动时间安排，减少了过去小农经营的无效或者低效的作业时间，从整体上看，这就降低了一个地区由于家庭承包经营带来的土地细碎化程度，进而提高了该地区土地生产的综合效率，土地股份合作社本身组织规模的扩大，带来了一种组织内部产生的经济效益。

由土地股份合作社所引致的外部规模效应指的是土地股份合作社的出现带来了农业生产方式的改变，地区的土地集中经营便于在这些土地上开展机械化与现代化的农业生产经营。新的生产技术要素、资本要素和高技术水平的劳动力要素被重新整合投入农地中，这些要素的积聚带来的规模效应是一种典型的外部经济的表现形式。

具体而言，农地作为农业生产不可或缺的生产资料，农地的规模在很大程度上决定着农业经营规模。土地股份合作社作为土地流转的一种形式，有利于实现土地经营的规模化和专业化，有利于农业专业分工和现代化机械耕作，这是我国农业未来发展的趋势。随着土地股份合作社的不断发展，普通农户也可以成为土地适度规模经营的主体。通过建立土地股份合作社，农户之间分散的承包地在产权上集中起来，这种联合使得规模土地经营更加稳定，并且使经营土地的投资者对土地有了更稳定的预期，更加愿意长期投资。规模经营可以提高农业生产经营项目的水平和档次，提高土地的利用率和产出率（孙中华，2010），最终促进农业经营者收入的增加。

2. 土地股份合作社促进劳动力转移

生产理论中关于要素资源配置的相关论述指出：在一个完全的市场环境中，要素资源存在从收益较低的生产项目向收益较高的生产项目流动的趋势。对农业生产而言，我国兼业农户和非纯农户从第二、第三产业所获得的收入是其重要的收入来源。同时，农业和非农业之间存在比较利益差异，从事非农业生产的收入预期大于从事农业生产的预期，作为理性人，农户会选择收入预期大的工作，即收入较高的工作，当情况合适时农户会重新配置家庭劳动力资源，实现收入最优化。

在过去的土地制度安排下，农户上述的劳动力转移意愿也同样存在，但过去土地制度的一些限制，在一定程度上阻碍了部分农户的转移意愿，如有些农户虽然想要外出兼业获得非农收入，但又不愿意土地撂荒，在当时的中国农村社会环境下，这部分农户只能付出一定的人情成本或者物质成本，委托其他人来暂时性地帮助经营土地。

随着土地股份合作社的出现，农村的劳动力市场发生了变化，农户的生产行为和经济行为随之发生改变，具体来说，劳动力要素市场的形成使大规模劳动力转移出第一产业成为可能，而土地股份合作社的成立和推广又促进了劳动力转移。近些年，随着经济的不断增长，劳动力在产业间的转移已是常态，农村劳动力在产业间的转移使农户职业分化为非农户、一兼农户、二兼农户和纯农业户，其中一兼农户和二兼农户由于自身因素和农地的束缚在农民中大量存在着，纯农户可以细分为进行规模经营的纯农户和进行小面积经营的纯农户。具体而言，合作社解除了从事第二、第三产业农户承包地的负担，使那些经营有方的农户获得了更多的土地经营权，最大限度地发挥了土地的效用，实现了土地资源和劳动力资源的合理配置。同时也促进了一些缺乏非农打工能力的老人和妇女再就业，增加了工资性收入。

进一步从劳动力转移的具体形式和方向上来看，随着承包地入股，农户的四类分化状态发生了重要的变化——土地股份合作社使农户实现了“离地不失地”的土地流转，大量兼业户可以转变为非农户安心在非农产业务工，大规模经营的纯农户可以继续从合作社承包土地进行经营，较之前节省了谈判成本和信息成本，小规模农户在土地入股后可以进入合作社打工，获得股份收入的同时还可以获得农业打工的工资性收入。

图 6-1 表示了农户加入土地股份合作社后职业的重新分化。

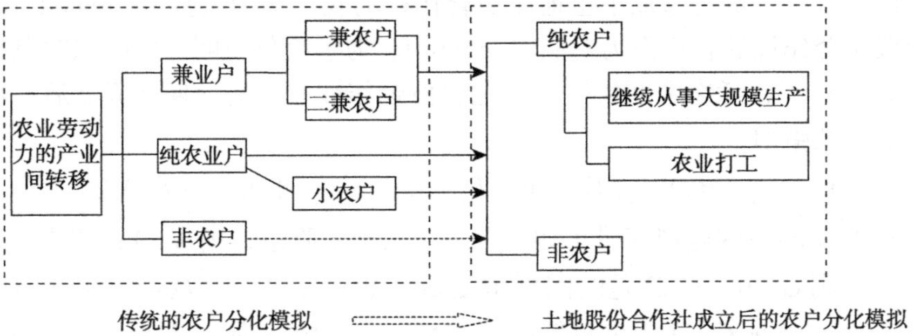

图 6-1　土地股份合作社成立前后的农户劳动力分化差异

6.2　研究方法与数据介绍

本节首先运用双重差分模型研究土地股份合作制的农户收入效应及对农户分化的促进作用；然而，尽管双重差分方法可以证明土地股份合作制的收入效应和农户分化作用，但无法证明土地股份合作社引致的规模效应和劳动力转移效应对农民增收的作用。因此，本章选择江苏省典型土地股份合作社作为案例进行分析，证明土地股份合作社引致的规模效应和劳动力转移效应对农民增收的作用。

6.2.1　双重差分模型

双重差分模型是一种用于对政策实施前后政策效应评价的有效方法。一般而言，任何一项新政策只有在经过一段时间的实践以后，其政策效应才能够显现出来。以农户加入土地股份合作社为例，土地股份合作社成立后，即使对农户收入和劳动力分化存在一定的效应，也需要一段时间才能显现。为此，本章将受到土地股份合作社影响的农户（即入股农户）称为实验组，将未受到股份合作社影响的农户（即未入股农户）称为对照组，来研究合作社成立前后农户收入的变化情况。

按照土地股份合作社的成立时间可以进一步划分为成立前和成立后两个时期，因此，为衡量土地股份合作社成立对入股社员的收入和劳动力分化的效应，将全部数据分为四个部分。土地股份合作社成立前的实验组与对照组，土地股份合作社成立后的实验组与对照组。通过对土地股份合作社成立前后实验组相关指标变化和对照组相应指标变化进行比较，得出土地股份合作社成立对入股社员的收入和劳动力分化的影响。

具体而言，本章将参加了土地股份合作社的农户作为实验组 treated，将未参加土地股份合作社的农户作为对照组 control。为了简化说明，暂时忽略其他解释变量$\{x_{i1},\cdots,x_{iK},\}$，考虑两期数据（土地股份合作社成立前一期和成立后一期），建立如下简单模型：

$$y_{it}=\alpha_0+\beta_1 D_t+\beta_2 G_i+\delta G_i \bullet D_t+\mu_i+\varepsilon_{it}\ (i=1,2,\cdots,n;t=1,2) \qquad (6\text{-}1)$$

其中，G_i是实验组的虚拟变量（如果个体 i 属于实验组，则G_i=1；如果个体 i 属于对照组，则G_i=0）；D_t是时间虚拟变量（如果 t=2，则D_t=1；如果 t=1，则D_t=0），而交互项$G_i \bullet D_t$代表政策虚拟变量（若个体 i 属于实验组，且 t=2，则$G_i \bullet D_t$取值为 1；反之，取值为 0），μ_i是不可观测的个体特征，而ε_{it}为受时间变化影响的不可观测误差项。式（6-1）中，分组虚拟变量G_i表明了同期内实验组与对照组的差异，时间虚拟D_t变量则表明了实验组和对照组前后两期由于时间趋势产生的差异，而交互项$G_i \bullet D_t$才能够真正度量实验组的政策效应。

根据双重差分模型的定义，当 t=1 时，式（6-1）可以写为

$$y_{i1}=\alpha_0+\beta_2 G_i+\mu_1+\varepsilon_{1t} \qquad (6\text{-}2)$$

当 t=2，式（6-1）可以写为

$$y_{i2}=\alpha_0+\beta_1+\beta_2 G_i+\delta G_i \bullet D_2+\mu_i+\varepsilon_{it} \qquad (6\text{-}3)$$

综上，当$t=1$时（第一期），实验组与对照组并没有受到任何不同对待（此时两组农户都未加入土地股份合作社），$G_i \bullet D_t$均为 0。当$t=2$时（第二期），实验组$G_i \bullet D_t$为 1，而对照组依然为 0。式（6-1）中存在一个个体特征误差项μ_i，可能导致 OLS 估计不一致，故根据面板数据的特征，将式（6-3）减去式（6-2）可得

$$\Delta y_i=\beta_1+\delta G_i \bullet D_2+\Delta\varepsilon_i \qquad (6\text{-}4)$$

用 OLS 估计式（6-4），即可得到一致估计。在对式（6-4）进行 OLS 估计时，多得到的估计值$\hat{\delta}$即根据差分估计量的性质，可得

$$\hat{\delta}_{\text{OLS}}=\Delta y_{\text{treated}}-\Delta y_{\text{control}}=\left(\Delta y_{\text{treated},2}-\Delta y_{\text{control},1}\right)-\left(\Delta y_{\text{control},2}-\Delta y_{\text{treated},1}\right) \qquad (6\text{-}5)$$

综上，$\hat{\delta}$即本章所要考察土地股份合作社对农户的效应的估计量，称为双重

差分估计量，这一估计量表明了实验组农户受到参与土地股份合作社影响的变化与对照组农户受到参与土地股份合作社影响的变化之差，见图 6-2。

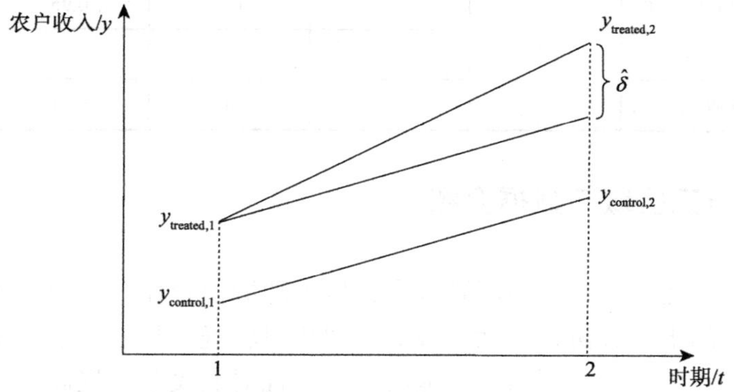

图 6-2　双重差分理论分析图

土地股份合作社成立后，即使对农户收入和劳动力分化存在一定的效应，也需要一段时间才能显现，为此考虑两期（2009 年土地股份合作社成立前、2014 土地股份合作社成立后）面板数据，以此研究土地股份合作社成立前后的变化：

$$y_{it}=\alpha_0+\beta_1 D_t+\beta_2 G_i+\delta G_i \bullet D_t+\boldsymbol{\gamma} X+\mu_i+\varepsilon_{it}\left(i=1,2,\cdots,n;t=1,2\right) \quad (6\text{-}6)$$

其中，D_t 表示试验期虚拟变量，如果 $t=2$，表示土地股份合作社成立后，此时 $D_t=1$；如果 $t=1$，表示土地股份合作社成立前，此时 $D_t=0$。G_i 为是否参加土地股份合作社的虚拟变量，当农户 i 参加了土地股份合作社，则 $G_i=1$，反之 $G_i=0$。$G_i \bullet D_t$ 表示的是农户加入土地股份合作社的净影响，X 是其他影响农民收入的特征变量，包括户主特征、家庭特征、农户分化特征等，见表 6-1。μ_i 是不可观测的个体特征，而 ε_{it} 是受时间变化影响的不可观测误差项。式（6-6）中的 β_1、β_2、δ、$\boldsymbol{\gamma}$ 是待估系数，δ 表示土地股份合作社对农户收入的净效应、$\boldsymbol{\gamma}$ 是待估计参数矩阵。

表 6-1　关键变量的定义及描述性统计结果

变量		变量符号	最小值	最大值	均值	标准差
户主特征	年龄/岁	age	20	83	52	12.29
	受教育年限/年	edu	0	15	7.27	3.92
家庭特征	家中村干部个数/个	cadre	0	3	0.166	0.37
	家庭抚养比	depratio	0	500%	90.8%	103.94%
农户分化特征	非农劳动力占比	noagrratio	0	100%	42.4%	42.7%
	兼业劳动力占比	patrratio	0	100%	31%	41.4%

续表

变量		变量符号	最小值	最大值	均值	标准差
被解释变量：农户收入	人均纯收入/万元	*Y*	0	6.9	0.95	0.90
	人均非农收入/万元		0	8	0.89	0.96
	人均农业收入/万元		0	4	0.31	0.44

6.2.2 研究区域与数据介绍

本章利用苏北地区农户的调研数据分析土地股份合作社与农户收入之间的关系。苏北地区的土地股份合作社出现的时间相对较晚，从全省范围来看，苏北地区农户的整体收入水平还不高，土地股份合作社对农民收入提高的边际效应可能会更加明显。为深入剖析股份合作制对经济欠发达地区农户的收入效应，本章以江苏省宿迁市泗洪县作为研究对象，并在2015年7~8月对村庄农户进行了实地问卷调查。

泗洪县位于江苏省北部，县域内进行了大规模的土地流转，相应也成立了多家土地股份合作社。调查数据显示，2014年泗洪县稳步开展农村土地承包经营权登记颁证的改革试点，积极培育和发展了一大批农村土地股份合作社，全县累计流转土地面积占耕地面积的58%，500亩以下的规模经营面积占土地流转总面积的75%左右，5 000~10 000亩的规模经营面积占土地流转总面积的6%，无论是土地流转的现实情况还是泗洪县土地股份合作社发展的状况都具有典型性，其实践经验对其他地区发展类似的合作经济组织有较为重要的借鉴意义。

在针对泗洪县相关样本地区实地抽样调查时，选择的农户样本一般遵循如下原则：首先，入股农户需要满足所在村庄开展农村土地股份合作制2年或者2年以上，以保证加入合作社对农户的收入效应已趋于正常化。其次，在已符合条件的村庄中，按照随机抽样的原则，选取非入股农户，非入股农户可在被调查的入股农户所在村庄或附近村庄中随机选取。最后，调查区域范围覆盖泗洪县5个镇，8个村。获取样本总计205户，在剔除无效样本后，实际获得有效样本总计197户，样本有效率约96%，其中已入股农户105户，未入股农户92户（表6-2）。

表6-2 泗洪县5镇8村197户农户分布情况统计表

实验组（加入股份合作社）					
类别	花庄村	罗岗社区	垫湖村	曹南村	合计
入股农户/户	25	38	32	10	105
所占比例	23.8%	36.2%	30.5%	9.5%	100%

续表

对照组（未流转土地）					
类别	双乔村	沈庄村	刘营村	康庄村	合计
未入股农户/户	15	14	20	43	92
所占比例	16.3%	15.2%	21.7%	46.7%	100%

本次调查共掌握 197 个样本农户的家庭基本特征，包括家庭人口数量、户主年龄、户主受教育程度、家庭劳动力比例、家庭成员是否担任村组干部、家庭人均耕地面积等数据。对已实施土地股份合作制的村庄中农户家庭人均总收入的变化、人均种植业收入的变化、人均非农就业收入的变化和人均其他收入的变化进行了统计。对农户在合作社中的参与度进行了调查，包括家庭成员是否为董事会成员、家庭成员是否为理事会成员、家庭成员是否在合作社中打工、是否了解合作社的盈余分配等数据。为了做到科学完整，对入股农户的收入变化进行了调查，也对未入股农户的相关情况进行了调查，并对两组收入变化的情况进行了对比研究（两组数据收入均进行了价格指数换算，排除了由于物价上涨导致的收入增加）。这样可以对土地股份合作制本身产生的收入效应进行更为准确的估计。

6.3 实 证 分 析

6.3.1 土地股份合作社对农户收入和劳动力分化的效应

本节首先研究的是土地股份合作社对农户收入的效应，其次基于本章的理论分析，进一步检验土地股份合作社对农户劳动力分化的促进效应。

1. 土地股份合作社对农户收入的效应模型估计结果

表 6-3 是土地股份合作社对农户收入的效应模型估计结果。

表 6-3　土地股份合作社对农户收入的效应模型估计结果

解释变量	人均非农业纯收入		人均农业纯收入		人均纯收入	
	估计系数	p 值	估计系数	p 值	估计系数	p 值
处理效应	0.359^{*} （0.208）	0.091	0.030 5 （0.927）	0.742	0.136 2 （0.597）	0.820
组别效应	-0.563^{***} （0.106 8）	0.000	−0.509 6 （0.989 9）	0.607	$-0.391\ 8^{**}$ （0.174 6）	0.026

续表

解释变量	人均非农业纯收入		人均农业纯收入		人均纯收入	
	估计系数	p 值	估计系数	p 值	估计系数	p 值
时期效应	0.369*** (0.130 5)	0.005	−0.255 1*** (0.747 2)	0.001	0.914 6 (0.725 8)	0.208
户主受教育程度	0.027 6*** (0.010 6)	0.010	−0.000 4 (0.007 6)	0.951	−0.096 3 (0.101 8)	0.345
户主年龄	−0.011 8*** (0.003 3)	0.000	−0.003 7** (0.001 7)	0.033	−0.030 6** (0.015 7)	0.049
家庭成员中有无村干部	0.290 2** (0.139 2)	0.038	0.114 5 (0.079 7)	0.151	0.463 9** (0.209 9)	0.028
家庭抚养比	−0.201 3*** (0.038 9)	0.000	−0.047 1** (0.019)	0.014	−0.080 1 (0.122 1)	0.512
非农劳动力占比	0.631 9*** (0.170 9)	0.000	0.114 2 (0.080 8)	0.159	0.033 6 (0.348 3)	0.923
兼业劳动力占比	0.344 7*** (0.126 1)	0.007	0.005 2 (0.073 4)	0.943	0.322 2** (0.148 5)	0.034
_cons	1.059 3*** (0.244 2)	0.000	0.576 7*** (0.134 3)	0.000	2.855 5 (1.832 4)	0.120

***表示p<0.01，**表示p<0.05，*表示p<0.1

第一，从处理效应来看，加入土地股份合作社在 0.1 的统计水平上增加了农户人均非农业纯收入。从组别效应来看，土地股份合作社入股农户的人均非农业纯收入和人均纯收入在初期均低于非入股农户。从时期效应来看，农户人均非农业纯收入呈上升趋势，而人均农业纯收入呈下降趋势。这表明土地股份合作社的出现可以显著提高农户家庭的人均非农业纯收入；同时，实证结果显示土地股份合作社对农户家庭的人均纯收入、人均农业纯收入处理效应系数符号也均为正，虽然这一影响效应不太显著。结合本章的理论分析与土地股份合作社出现的现实背景，可能的原因在于：土地股份合作社作为适应市场经济要求的内生性合作经济组织，通过提高农户分化的程度、激励农户从纯农业经营向兼业经营与非农就业转变，促进了农村过剩的农业劳动力从土地上释放出来，向第二、第三产业过渡，进而大幅提高了农户家庭的非农收入水平，对农户家庭的总收入水平也带来了正向影响。

第二，从农户个体特征变量上看，户主受教育程度与户主年龄均在 0.01 的统计水平上影响农户人均非农业纯收入，但前者系数符号为正，后者为负。结果表明，受教育程度较高的户主非农就业机会更大，可以给家庭带来更高的非农业收入。户主年龄越大，非农就业的机会就越小，家庭非农业收入越低。户主年龄对农户人均非农业纯收入、人均农业纯收入和人均纯收入的影响均为负，表明随着户主年龄的增加，其家庭多种收入水平均下降，主要原因是老年户主的体力下降，劳动力能力变弱。

第三，从户主家庭特征变量上看，家庭成员中有无村干部均在 0.05 的统计水平对农户人均非农业纯收入和人均纯收入有着正向影响。土地股份合作社作为一项新的土地制度，村干部作为村里的带头人对其了解程度更深，目前土地股份合作社多由村委会发起或者带头推动，因此村干部对合作社的经营状况和盈余分配更加明晰。值得注意的是，农户家庭抚养比在0.01的统计水平上有负向影响，研究中抚养比用家庭不劳动的人的数量比家庭劳动力人数，家庭不劳动的人包含年纪过大、身体状况差而丧失劳动能力的人，年龄过小不具备劳动能力的人，以及还在上学没有收入来源的人三类，抚养比综合考察了家庭劳动力的负担程度。结合实证结果和调研现状，家庭抚养人数越多，家庭劳动力需要承担照护老人、子女的责任，因而对劳动力就业有着负向影响，降低了家庭非农就业收入。

第四，从农户分化的特征变量来看，首先，农户分化程度的两个代理变量——兼业劳动力占比和非农劳动力占比对农户家庭的人均非农业纯收入均在 0.01 的统计水平上显著，且符号都为正，一定程度上验证了土地股份合作可能带来的家庭内部再优化。其次，农户分化特征代理变量对农户家庭人均农业纯收入有正向影响，尽管这一影响并不十分显著，但农户家庭兼业劳动力占比这一变量对农户家庭人均纯收入的影响在 0.05 的统计水平上显著为正，结合上述分析，随着土地股份合作社的出现，入股社员家庭的收入水平在一定程度上有所提高。其背后的逻辑在于：土地股份合作社的出现，促进了入股家庭的劳动力分化程度，刺激了原本富余出来的一部分农业劳动力转向兼业或者非农劳动，取得相比于农业劳动更多的兼业收入或非农劳动力收入。从这一点来说，农地股份合作社的出现，确实有助于入社农户家庭收入水平的提高。

值得注意的是，随着农业现代化程度的不断提高，规模化、集约化的农业生产方式将逐步取代传统分散经营的小农生产方式，农地流转势在必行。在这一背景下，正如本章的实证结果显示的那样，类似于农地股份合作社这样的合作经济组织，可以通过促进农户流转土地，激励富余农业劳动力从农地上“释放”出来，通过提高农户分化程度进而促使农户家庭收入结构发生较大变化，最终提高农户收入水平（杨渝红和欧名豪，2009）。

2. 土地股份合作社对农户劳动力分化的促进效应

如表 6-4 所示，用双重差分模型检验土地股份合作社对农户分化的促进效应，结果显示如下：处理效应在 0.01 的统计水平上显著，且符号为正，组别效应在 0.05 的统计水平上显著，符号为负，这说明，土地股份合作社的出现确实能够显著地促进农户劳动力分化，验证了本章理论分析部分所提出的土地股份合作社对农户分化有促进作用的理论假设。结合上节土地股份合作社对农户收入效应的分析，土地股份合作社之所以对农户的收入提高有正效应，一个重要原因是，土地股份合作社的出现给农户提供了一个富余劳动力从土地上释放出来的渠道。

表 6-4 土地股份合作社对农户劳动力分化促进作用的检验

解释变量	估计系数	标准误	p 值	t 值
处理效应	0.393 9***	0.080 5	0.000	4.88
组别效应	−0.127 7**	0.062 8	0.043	−2.04
时期效应	−0.085 7	0.057 0	0.134	−1.50
_cons	0.692 8	0.043 7	0.000	15.84

***表示$p<0.01$，**表示$p<0.05$

理论上，劳动力作为一个重要的生产要素，在其成本相对保持不变的条件下，会存在一个从要素价格较低的市场流向要素价格较高的市场的趋势。结合当前的现实情况来看，农村存在大量的富余劳动力，过去交通、通信等基础设施不发达，劳动力城际流转的成本较高，使得大多数富余劳动力被迫留在土地上，在农地资源一定的情况下，过多的农业劳动力“均摊”了农业生产收益，限制了农户收入水平的提高。随着交通、通信愈加便捷，劳动力流转的成本大大降低，劳动力流转出去的意愿（需求）变得愈加强烈。

与此同时，类似于土地股份合作社一类的农村合作经济组织，在一定程度上为农村土地流转提供了一个可行的渠道，当富余劳动力从农村流向城镇，从第一产业流向第二、第三产业时，内生于农村生产要素市场的这种合作经济组织——土地股份合作社充分保障了转出劳动力在农村的土地权益，促进了农户分化意愿的不断提高，最终使得大量富余劳动力不再局限于土地，而是自发形成了流转规模，从第二、第三产业获得了更高的收入。总之，土地股份合作社促进了农户分化，进而优化了农户劳动力这一要素的资源配置，使其向要素价格更高的第二、第三产业市场转移，最终提高了农民收入。

6.3.2 宿迁市典型土地股份合作社案例分析

1. 土地股份合作社引致的规模效应促进农民增收

以江苏省宿迁市宿豫区顺河镇 Y 土地股份专业合作社为例。该合作社成立于 2010 年，在成立之初，合作社总体入股土地面积为 60 亩，入股土地主要来自农村的承包地和国有土地。由于合作社效益明显，2012 年合作社进一步扩大规模，更多的农户加入土地股份合作社，总入股土地面积达到 350.7 亩，合作社因此也投入了更多的基础设施建设，并且争取到产业化财政补助资金 80 万元，扩建基地

80 亩，建成钢架结构大棚 60 个，政府财政的补贴激励合作社进一步大力发展梨、葡萄、杏和桃等果品种植，扩大生产规模。合作社将入股土地统一进行果树种植规划、改良品质等，获得了较高的经济效益，基本实现了专业化种植与土地规模经营。截至 2015 年底，合作社已建成万株梨园基地、百亩有机葡萄基地，逐步建设成具有地方特色的生态观光园。合作社的土地入社分红采取保底收益和浮动分红相结合的方式，保底收益按相当于土地流转价格 1 000 元/亩的标准每年定期发放，浮动分红则根据合作社收益情况进行二次分配，每年带动农民增收 100 万元左右。

从总体规模上，土地股份合作社的出现将细碎化的农地整合成片并且形成一定种植规模的农地。合作社将农户和村集体经济联系在了一起，在相对稳定的产权关系下初步形成了土地要素的集聚。也只有在此基础上，土地股份合作社才能真正对积聚起来的土地进行科学布局和合理规划，才能畅通无阻地转变原先的种植结构和作物种类，开始侧重种植梨、葡萄等周期较长且一次性投入较大的作物，最终在种植规模与种植类型上显现出规模效应，实现规模经济。此外，规模性生产经营还可以获得更多的政策支持：一方面，成立之初地方政府不仅有政策资金注入，并且给予合作社 1 万元/亩的大棚补贴，50 元/亩的生产资料补贴；另一方面，成立之后农技站还会定期对农户进行农技培训，讲解最新的农业生产知识。合作社与农户签订较长期的合同（10 年），保障了股份合作社对生产资料的投入、对先进技术设备的投入和对农产品品种的引入，进一步完善了农业生产经营的基础设施，实现了生产要素资源的进一步积聚。2014 年合作社凭借先进的种植技术和完善的农业基础设施，成规模的土地资源，以及充足的资金支持，实现了种植梨和桃每亩收入 7 000~10 000 元，种植大棚葡萄每亩收入高达 3.5 万元的巨大经济收益，为二次分红奠定了基础。

2. 土地股份合作社经营与劳动力转移

宿迁市 Z 土地股份合作社成立于 2013 年 5 月，农户以土地承包经营权入股，委托合作社经营，按照股份从土地经营收益中获得一定比例分配，这种模式被形象地总结为“土地变股权，农民当股东，有地不种地，收益靠分红”。在具体实施过程中，Z 村抓住了四个环节：一是合理设置股份。2013 年先集中 260 亩、162 户农户作为首创户，村委会申请，乡党委审核，区委农工办批复，确定每亩土地承包经营为 1 股，共计 260 股，共发放股权证书 162 本。二是科学制定章程，按照“入社自愿，退社自由”的原则，在充分尊重农民意愿、采纳合理建议的基础上，形成了合作社总则。三是规范建立“三会”制度，按照章程要求，合作社内建立“三会制度”，通过民主选举，选出了 23 名代表，建立了社员代表大会，社员代表会议每年召开 1~2 次，通过社员代表大会选举产生理事会、监事会的人选。四是严格收益分配。合作社的所有收益，在扣除开支费用后，年终一律按股分红，鉴于市场行情多变，农民承受风险的能力还不够强，合作社决定前三年内采取保底分红的办法，即每年每亩 900 元保底先支付给农户（农民自耕自种每亩收益 700 元左右），2016 年以后实行按股分红政策，充分体现了合作社风险共担、利益共享的原则，真正实现了民办、民营、民收益。

合作社在具体经营过程中，积极吸引农业龙头企业进驻，将合作社部分土地流转给引进的农业企业，建立了农业产业园。从土地解放出来的农民，创业不犯难是他们最大的心愿。宿迁市宿城区于 2012 年 2 月启动建设了宿城区城乡统筹试验区，涵盖中场、仓集、屠园三个乡镇，总面积228.41平方千米，耕地面积15.47万亩，人口 12.07 万人，农户 3.2 万户。实验区为解决农户就业使用扶贫资金稳中求进建设好标准化厂房，招引“三来一加”、农产品深加工等劳动密集型企业，把资源优势转化为经济优势。2014 年已建、在建标准化厂房 20 万平方米，入驻企业总数超过 15 家，吸纳劳动力 2 000 名，特别是 40~50 岁的妇女，在家门口就可以上班拿工资，真正实现了“离土不离乡，进厂不进城”，为实现新型城镇化目标“离土又离乡，进厂又进城”迈出了坚实的第一步。在此基础上，实验区还与城区职业院校合作，政府提供培训资金补助，有计划地组织农民培训，使他们充分掌握就业创业的使用技能。配合土地股份合作社的建立，农机合作社、农技合作社和劳务合作社也相继成立，越来越多的农民可以入社打工获取相比于单纯种植土地更高的收益。

6.4 结论与政策建议

6.4.1 结论

基于以上理论与实证研究，本章得到以下结论。

（1）农村土地股份合作社的内部治理结构有益于农户收入的增加。农村土地股份合作社这种合作经济组织在明晰农村土地产权、实现土地资产权责利益对称、促进劳动力流转等方面发挥了重要作用。本章的研究结果表明，要克服现阶段农村土地产权的排他性、模糊性、产权稳定性不足、可转让性较差等诸多弊端，推行土地股份合作社是一个较为科学合理的选择。农地股份合作制将权能责任和利益表现明确为风险共担、利益共享，通过对农地个人股权的确认，激发了持股人关心农地资产的积极性，通过股权持有，农户可以分享农地股份合作社的收益。小农零散的承包地收益有限，通过土地经营权入股，将分散零碎的承包地集中生产后，可以充分利用生产要素，降低决策成本，深化农产品的价值链，增加土地收益，由于农户股权和收益权一致，农户的土地收益得到了保证。

（2）土地股份合作社的外部溢出效应对农民收入有正向的影响。随着土地股份合作社的不断发展，由土地股份合作社引致的规模效应也逐渐显现出其重要的经济作用。由土地股份合作社所引致的外部规模效应指的是土地股份合作社带来的农业生产方式的改变，土地的集中经营便于在这些土地上开展机械化与现代化的农业生产经营。新的生产技术要素、资本要素和高技术水平的劳动力要素被重新整合投入农地，提高了农业生产经营项目的水平和档次，最终促进农业经营者收入的增加。同时，股份合作社和专业合作社的链接可以节约生产成本、提升农户在市场中的谈判地位、增强农户农业生产的抗风险能力，从而提高农户收入。

（3）土地股份合作社的发展对农户有着积极的收入效应，促进劳动力分化。研究验证了土地股份合作社的出现确实能够显著地促进农户劳动力分化这一重要结论。具体而言，本章的研究结果表明，类似于土地股份合作社一类的农村合作经济组织，在一定程度上为农村土地流转提供了一个可行的渠道，当富余劳动力从农村流向城镇，从第一产业流向第二、第三产业时，内生于农村生产要素市场的这种合作经济组织——土地股份合作社充分地保障了转出劳动力在农村的土地权益，促进了农户分化意愿的不断提高，最终使得大量富余劳动力不再局限于土地，而是自发形成了流转规模，从第二、第三产业获得了更高的收入。并且，通过对加入土地股份合作社的农户家庭的实地调研同样可以发现，入股农户家庭劳动力中非农劳动力出现了大幅度增加，兼业劳动力和农业劳动力比例较之股份合作社出现前显现出一定程度的降低，土地股份合作社解放了劳动力，使农户家庭兼业劳动力得到了释放。

6.4.2　政策建议

结合当前我国土地股份合作社的发展现状及本章研究的相关结论，为未来我国针对土地股份合作社的具体实践提供一些可供参考的政策建议。

（1）发展农村土地股份合作社是深化农地改革的重要路径和现实选择。农村土地股份合作社基于一种新型的农村土地合作制度，以其特殊的产权制度安排、组织结构，为深化农村土地产权制度改革提供了一条可行的路径，在有条件的地区可以推行土地股份合作社。但在推行过程中要减少政府干预，充分尊重农民意愿，保护农民权益，以促进农民增收为主要目的，最大限度地释放土地股份合作社所带来的制度红利。

（2）推动农村产业结构调整，拓宽农民就业渠道，缓解农村劳动力供需矛盾。通过产业升级，推动农村劳动力整体上供给侧的改革步伐，扩宽农民就业渠道，以缓解农村劳动力供需矛盾。在探索促进劳动力分化进而提高农民收入的路径时，地方政府在鼓励农村富余劳动力从事兼业经营和从事非农经营的同时，应当加快产业结构调整，创造更多的就业劳动岗位，合理地引导和安排从农地上“释放”出来的富余劳动力。土地股份合作组织虽然在一定程度上解决了农村土地谁来种的问题，一方面集中了农村闲散土地，给予了农户一份稳定的股份收入，另一方面使农户分化更加彻底，减轻了兼业户的土地束缚，获得了更多非农就业的机会。但是从土地中释放出的农户需要一份稳定的非农工作岗位，否则农户入股也无法使农村劳动力有效转移。因此，加快农村第二、第三产业发展，拓宽农户非农就业的渠道，才能使农户分化彻底摆脱土地的束缚，使土地股份合作组织发挥应有的作用。

（3）构建更加完善的农村社会保障体系，建立健全农村社会保障机制。一直以来土地对于农民而言不仅是生产资料，其还具有就业和社会保障功能，甚至可以说，农地自古以来充当的都是稳定社会发展尤其是保障农民最后的生产生活的角色。基于此，部分地区农户不愿意土地流转，这在一定程度上阻碍了农村劳动力配置的最优化并且禁锢了土地价值的充分实现。因此，建立一套完整的农村社会保障体系，通过政策支持和其他资本注入，为进城农户提供与市民同等的社会保障体系，可以更加有序和稳妥地推进土地股份合作制。

6.5 本章小结

本章从江苏省农村土地股份合作社发展的现实状况出发，基于农户劳动力分化的视角，首先从理论上辨析农户加入土地股份合作社对其收入影响的程度，其次通过对江苏省宜兴、昆山等市实地调研获得的 197 个农户样本进行分析，运用双重差分模型和典型案例实证分析了土地股份合作社的收入效应和劳动力分化效应，最后提出土地股份合作社进一步健康发展、保障农民利益的政策建议。主要研究结论如下：①农村土地股份合作社在明晰农村土地产权、实现土地资产权责利益对称、促进劳动力流转等方面发挥了重要作用；②土地股份合作社所引致的外部规模效应、劳动力转移效应可以提高农户收入；③当前的农村土地股份合作社对农户而言不仅具有显著正向的收入效应，还对农户的劳动力分化有明显的促进效应。且其作用过程在于土地股份合作社的出现能够显著地促进农户劳动力分化，使农户家庭资源配置实现帕累托改进，正向作用于农户收入。

第 7 章　政府干预农地流转：农户收入及资源配置效率

有效的农地流转市场有利于土地向生产效率高的农户流转，促进农村剩余劳动力转移，提高农民土地和劳动力资源配置效率进而增加其收入（Deininger and Jin，2005；Shi et al.，2007；Feng et al.，2010）。关于农地流转对农户资源配置效率和收入的研究，多数研究是对自由市场的讨论，即建立在农户自由选择、自由流转基础上的分析。然而，由于近年来农地流转市场受到较强的政府干预，讨论农地流转市场的有效性不能完全脱离政府干预这一外部变量。在政府主导的农地大规模流转背景下，农地流转对农户资源配置效率和收入的影响的研究结论不尽相同。薛凤蕊等（2011）考察鄂尔多斯市现代农牧业示范基地农地流转项目对农民收入的影响，采用双重差分模型对土地流转前后参与、未参与两期农户收入数据进行计量分析，发现土地流转后农户收入显著增加。彭代彦和吴扬杰（2009）基于 23 个省份调研农户的研究表明，以土地集中为目标的农地流转对农民收入影响为负，用人均耕地面积标准差和基尼系数衡量的农地集中度提高 10%，农户家庭人均收入分别下降 1.15%和 1.93%。游和远和吴次芳（2010）认为，非农化和非粮化背景下农民不一定在自愿有偿的原则下决定是否参与土地流转，实证表明农地流转不直接导致农村劳动力转移。然而，现有文献尚不足以说明以下两个问题：第一，政府干预农地流转对于转入户和转出户收入与资源配置的不同影响；第二，政府干预下的农地流转和自由流转市场对农民收入与资源配置的影响差异。弄清这两个问题，有助于更好地理解政府在农地流转中的角色定位并提出完善政府职能的政策建议。本章基于江苏省苏北地区的调研数据，实证研究政府干预农地流转对不同类型农户收入的影响差异，从农民资源配置效率的角度解释收入差异的来源。

7.1 政府农地流转干预及理论分析

7.1.1 研究区域政府干预下的农地流转

本章选择的区域为江苏省苏北地区连云港市灌云县和淮安市金湖县，两县均是农业大县，处于江苏省欠发达地区。两地农户在江苏省各级政府的推动下大规模参与土地流转，农地使用权更多地向种植大户、合作社和农业企业等经营主体集中，大量农民失去土地经营权。在推进农地流转的过程中，地方政府采取经济激励和行政命令并行的政策。经济激励是指通过补贴、财政扶持等政策推动农地流转，如江苏省于2008年出台扶持农地规模流转的补贴政策，补贴要求流转期限在三年以上，单宗农地流转面积在1 000亩以上（股份合作社入股面积在300亩以上），达到条件的直接对转出农户一次性每亩补贴100元，2009年又拿出一部分资金对乡镇、村级土地流转服务平台“以奖代补”（王建华，2011）。在推动农地流转的政策中，两地都有针对农业规模经营主体的财政和金融扶持。行政命令是指通过制定土地流转目标，向基层政府和村委会定指标、下任务，如2009年连云港市提出2012年全市计划土地流转面积达到100万亩，占承包地面积的比例达到30%；农业规模经营率达到40%以上。同时，连云港市还将农地流转目标纳入县区、乡镇农村工作考核的重要内容。2013年，金湖县累计农地流转比例达60.5%，灌云县农地流转比例达43%。

政府干预下农地流转呈现出不同的类型，包括政府主导型农地流转和农户自发型农地流转。政府主导型农地流转是指处于政府干预政策下，由基层乡镇政府或村集体代理农户与规模经营主体谈判、签约，土地流转价格、期限和规模等基本由政府确定，农民间接参与土地流转。与政府主导型农地流转相对应的是农户自发型农地流转，是由农户自己确定流转对象，直接与转入户谈判、签约，农地流转行为不受政府的干预。

7.1.2 理论分析

政府主导下，基层政府或村委会代理农户寻找潜在的交易对象，分别与流转双方谈判、签约，转入转出方间接交易。在当前我国土地细碎化、小规模的情况下，乡村集体的市场中介作用可以减少流转交易费用，提高土地流转市场效率（田传浩，2003）。转入户通过政府或村集体租入更多的土地，实现农地适度规模经营，有利于扩大农业生产的比较优势并增加收入。对于自发的土地流转，转入户需要与众多小农户交易，面临巨大的交易成本，阻碍了农户最优土地规模的实现。无论是农户自发还是政府主导的农地流转，转入户均根据效用或收入最大化原则做出土地转入决策，资源配置效率进而提高。政府主导下的农地流转降低了交易费用对转入户土地流转规模的约束，农业收入和农业生产效率将高于自发转入农地的转入户。

对于转出户，政府干预改变了农户土地转出决策。一方面，农户根据自身效用最大化原则确定是否参与土地流转；另一方面，政府追求以村或小组为单位的土地规模集中流转，农户决策受制于村集体流转决策。当村庄内部多数农户选择土地转出时，处于用地范围内的农户往往被动服从村庄整体的决策安排。此外，农户无法自主选择土地流转的地块和面积，资源配置行为受到较大的约束。自发参与土地转出的农户，会根据自身劳动力转移能力和资源优化配置原则决定是否转出土地（王春超，2011），土地流转行为不受约束。农户自发转出户的资源配置效率高于政府主导的土地流转。因此，政府的大规模干预会降低土地转出市场的有效性，并对转出户收入和资源配置效率产生不利的影响。

7.2　分析框架及研究方法选择

评估农地流转收入效应时需要解决农户参与土地流转的自我选择问题，即影响农户土地流转的因素同时对农户收入产生影响，从而导致估计偏误。研究农地流转对农民收入问题的常用方法有双重差分模型（薛凤蕊等，2011）、倾向得分匹配法（冒佩华和徐骥，2015）。然而，以上两种方法都存在一定缺陷。双重差分模型要求政策是严格外生的，不存在项目的自我选择问题（徐晋涛等，2004），而现实中农地流转与农户家庭收入和非农就业能力（史清华和贾生华，2003；聂建亮和钟涨宝，2014）、农户农业生产能力（Deininger and Jin，2005；吴鸾莺等，2014）等因素相关。因此，双重差分模型评估方法会导致有偏估计。倾向得分匹配法可以很好地解决可观测因素对农户土地流转的影响，但由于农户农业生产能力的不可观测，以及农户对土地社会保障功能的依赖（赵光和李放，2014），政府或村集体的动员（诸培新等，2011）等非观测因素会影响农地流转，倾向得分匹配法不能控制非观测因素导致的估计偏差。因此，研究选择基于工具变量法的内生性处理回归模型估计农地流转对农户收入和资源配置效率的影响：第一步，采用工具变量法估计出农户参与土地流转的概率；第二步，将土地流转估计概率代入农户收入模型，可以很好地控制可观测及不可观测因素对农户土地流转的影响。模型被广泛应用于劳动者工资报酬差异的评估，以及公共政策对农民生产效益和收入的影响（Adamchik and Bedi，2000；Noltze et al.，2013）。

第一步是对农户选择土地流转的估计。农户土地流转模型是二元选择方程，$I=1$ 表示农户参与土地流转，$I=0$ 表示农户未参与土地流转。设定农户土地流转的选择模型为

$$I=\gamma S+\eta_0 V+\lambda G+\mu_0 D+u \quad (7\text{-}1)$$

其中，S 和 V 分别是影响农户土地流转的家庭控制变量和村庄控制变量，农户家庭控制变量包括户主特征、家庭劳动力条件、土地资源禀赋等。村级层次设置两个变量，分别是村庄人均耕地面积和村劳动力外出务工比例，这两个变量是影响村庄土地租赁市场发育的重要因素（Kung，2002）。为了识别地区的土地流转差异，设置灌云县和金湖县地区虚拟变量 D，取值 1 表示金湖县，取值 0 表示灌云县。由于 S 和 V 只控制了可观测变量对农户土地流转的影响，未能有效控制不可观测因素的影响，尤其是调研地区普遍存在的地方政府对土地流转市场的干预。因此，参照 Deininger 和 Jin（2005）的变量设置方法，设置“政府干预农地流转”工具变量 G 捕捉不可观测因素对农户参与土地流转的影响，由村庄调研内政府主导下的转入或转出农户数（除去本户）除以本村调研农户总数得到。γ，η_0，λ，μ_0 均是待估计参数。

第二步将农户土地流转选择纳入对农户收入、资源配置等变量估计的模型中，模型的基本设定为

$$Y=\alpha X+\beta I+\theta M+\mu_1 D+\mu_2\left(DI\right)+\varepsilon \quad (7\text{-}2)$$

其中，Y 代表农户收入、农业生产效率和非农劳动力配置效率等因变量，X 是因变量的影响因素，X 和土地流转方程控制变量可以有重叠的变量，但有效的估计要求至少有一个变量存在于土地流转方程中而独立于 X，“政府主导农地流转”工具变量符合这一要求。此外，设置土地流转类型的虚拟变量 M，政府主导型农地流转赋值为 1，农户自发的土地流转赋值为 0。设置土地流转和地区的交互项 DI，用于比较两县土地流转对结果因变量的差异。α，β，θ，μ_1，μ_2 均是待估计参数，其中 β 是农户参与土地流转的政策净效应，是本章重点关注的变量。u 和 ε 是随机误差，服从二维正态分布：

$$\begin{pmatrix} u \\ \varepsilon \end{pmatrix} \sim N\left[\begin{pmatrix} 0 \\ 0 \end{pmatrix},\begin{pmatrix} \sigma_\varepsilon^2 & \rho\sigma_\varepsilon \\ \rho\sigma_\varepsilon & 1 \end{pmatrix}\right]$$

其中，ρ 是 u 和 ε 的相关系数。如果 $\rho\neq 0$，式（7-1）和式（7-2）存在内生性。内生性处理回归模型可以用两阶段法估计，但是两阶段估计的缺点是第一阶段的估计误差会被带到第二阶段中，导致效率损失，因此本章选择更有效的最大似然估计法（Lokshin and Sajaia，2004）。

7.3　数据来源及描述性统计分析

7.3.1　数据来源

本章所用数据来源于2014年7~8月对江苏省苏北地区连云港市灌云县和淮安市金湖县的实地调研。此次调研包括连云港市灌云县7个乡镇和淮安市金湖县5个乡镇，乡镇的选择综合考虑经济发展水平、土地资源禀赋和地域分布，然后按照农民人均纯收入在每个乡镇选择2~3个行政村，每个行政村内部按照人口比例随机选择20~30个农户进行调研。本章将参与土地流转的农户分为农户自发的土地流转和政府主导的农地流转两种类型。农户问卷中设计“谁组织的土地流转”这一问题，选项包括“1=上级政府，2=村集体，3=个人协商”，将选择1、2选项的农户土地流转归为政府主导型农地流转，选择选项3的农户归为农户自发的土地流转。调查一共收集到12个乡镇30个行政村855个农户有效样本数据。农户数据中，转入户194户，转出户422户，未流转农户239户。政府主导下的转入户有52户，占转入户总数的比例约为26.8%。转出户中，78.67%的农户的农地流转由政府主导完成。金湖县政府主导农地流转的趋势更强，调研样本42个转入户和267个转出户中，由政府主导农地流转的农户比例分别为42.86%和82.77%。

7.3.2　描述性统计分析

1. 样本农户家庭特征描述性统计

表7-1分别统计了三类农户家庭特征的平均值和标准差。对于转入户，在户主年龄、户主是否外出打工、人均耕地面积、家庭资产价值等多个方面与未流转农户存在显著差异。转入户家庭资产价值、亩均土地净产出均高于未流转农户，而非农就业人员平均年龄和家庭抚养比低于未流转农户，转入户家庭户主外出务工的比例较低。对于转出户，在户主受教育程度、家庭资产价值、非农劳动参与率、亩均土地净产出等多个方面与未流转农户存在显著差别。对于其他变量农户之间没有显著差异。

表 7-1　农户层面主要变量的描述性统计

变量	转入户		转出户		未流转农户	
	平均值	标准差	平均值	标准差	平均值	标准差
户主年龄	52.290***	8.960	57.780	10.780	57.540	10.000
户主受教育程度/年	7.080	2.760	6.480*	3.240	6.940	3.410
户主是否外出打工（1=是；0=否）	0.149***	0.357	0.265	0.442	0.305	0.461
人均耕地面积/亩	1.790**	1.648	2.120	1.635	2.230	1.656
家庭资产价值/万元	24.690***	22.620	19.520***	26.390	16.630	17.750
非农劳动参与率	0.349	0.293	0.430**	0.278	0.379	0.270
家庭有无村干部（1=是；0=否）	0.154	0.362	0.075	0.265	0.112	0.317
非农就业人员平均年龄	27.700***	18.020	35.400	17.280	33.850	18.310
亩均土地净产出/元	2 445.5***	159.080	1 403.070*	40.440	1 644.41	38.440
家庭抚养比（16~65 岁）	0.318***	0.275	0.435	0.326	0.420	0.324

***表示$p<0.01$，**表示$p<0.05$，*表示$p<0.1$

注：本章以未流转农户为对照组分别检验了两组样本各个变量的均值是否与对照组存在显著差异；“家庭资产价值”由三部分构成，分别是农户家庭消费性资产价值、农业资产价值和住房价值

2. 样本农户 2013 年家庭收入及资源配置描述统计

表 7-2 统计了样本农户 2013 年家庭各项收入和土地、劳动力资源配置情况。从表 7-2 中可以看出，转入户拥有最高的家庭人均纯收入，其中农业收入占比超过 50%。转出户和未流转农户主要依赖非农业收入，转出户非农业收入高于未流转农户。

表 7-2　样本农户 2013 年家庭收入和资源配置描述统计

变量		转入户		转出户		未流转农户	
		平均值	标准差	平均值	标准差	平均值	标准差
收入	人均纯收入/元	17 685.210***	1 247.580	14 548.440	592.720	13 579.200	738.700
	人均农业收入/元	9 179.310***	1 034.910	498.290***	49.400	2 694.750	158.410
	人均非农业收入/元	8 212.800**	622.090	12 605.500	593.570	10 578.140	719.310
	人均土地流转租金收入/元			1 103.240	47.570		
	人均其他收入/元	293.080	32.790	341.400	13.330	306.300	15.970
资源配置	劳均非农工作时间/天	143.100***	4.080	230.520***	3.280	189.750	4.310
	劳均非农工作报酬/（元/天）	102.580	10.520	98.450	4.420	104.330	6.880

续表

变量		转入户		转出户		未流转农户	
		平均值	标准差	平均值	标准差	平均值	标准差
资源配置	亩均土地总收益/（元/亩）	3 920.480***	200.260	2 307.330***	40.862	2 679.550	42.800
	亩均土地资本投入/（元/亩）	1 475.020***	74.360	902.970***	18.860	1 035.139	19.030
	亩均自家用工/（天/亩）	9.680	0.541	9.700	0.469	10.520	0.401
	亩均雇工/（天/亩）	3.400	0.622	0.296	0.068	0.460	0.075

***表示 $p<0.01$，**表示 $p<0.05$

注：1）人均其他收入包括来自政府和亲戚的转移性收入；2）统计亩均土地总收益、亩均土地资本投入、亩均自家用工和亩均雇工时剔除了234个2013年不参与农业生产的农户；3）统计劳均非农工作时间、劳均非农工作报酬时剔除了159户2013年家庭劳动力不参与非农就业的农户

农户劳动力资源配置效率以劳均非农工作时间和劳均非农工作报酬两个统计量来反映。转入户劳均非农工作时间显著低于其他农户，劳均非农工作报酬与其他农户之间没有显著差异。农户土地转出后非农工作时间增加，但是劳均非农工作报酬并未增加。农户土地生产情况以亩均土地总收益、亩均土地资本投入、亩均自家用工和亩均雇工来反映。转入户和未流转农户的亩均土地总收益均高于转出户，转入户亩均土地总收益高达 3 920.480 元。部分收益源于一些转入户经营高效益的经济作物，经济作物种植亩均收益达到 7 531.90 元。转入户经营稻麦作物亩均效益为 2 765.80 元，仍然高于转出户和未流转农户，可见转入户农业生产能力较强。亩均土地资本投入包括种子、化肥、农药、机械、灌溉、雇工等农业生产成本，转入户亩均土地资本投入显著高于其他两类农户。三种农户农业生产亩均自家用工没有显著差异。在雇工方面，转入户亩均雇工 3.400 天/亩，转出户和未流转农户几乎完全依赖自家用工。从农业生产投入的角度，转入户在资本和劳动力方面均有较高的投入，而转出户明显降低了农业生产投入，生产效益更低。

7.4　模型估计结果及讨论

7.4.1　土地流转对农户收入的影响

内生性处理回归模型可以使用 Stata 13.0 内置的回归命令进行估计。首先，对变量进行多重共线性检验，检验结果表明，自变量方差膨胀因子（variance inflation factor，VIF）均小于 5，说明变量之间不存在多重共线性问题，可以直接

引入方程。对于收入方程，基于 AIC（Akaike information criterion，赤池信息准则）值较小的原则选择人均收入的对数形式作为因变量，为了节省篇幅，这里并没有展示出比较过程。模型估计结果见表 7-3。

表 7-3 土地流转内生性处理回归模型估计结果

因变量	土地转入方程	农户收入方程	土地转出方程	农户收入方程
户主年龄	−0.025 （−0.69）	0.029 （0.83）	0.026 （0.41）	−0.001 （−0.06）
户主年龄平方/100	−0.007 （−0.21）	0.002 （0.07）	−0.022 （−0.38）	−0.000 4 （−0.03）
户主受教育程度/年	−0.012 （−0.62）	0.015 （0.90）	−0.014 （−0.52）	−0.002 （−0.27）
户主是否外出打工（1=是；0=否）	−0.519*** （−3.50）	0.456*** （2.58）	−0.046 （−0.22）	0.087 （1.57）
人均耕地面积/亩	−0.047 （−0.50）	0.234** （2.54）	0.213 （1.41）	0.206*** （4.98）
人均耕地面积平方	0.005 （0.55）	−0.006 （−0.63）	−0.007 （−0.47）	−0.005 （−1.05）
非农劳动参与率	0.139 （0.50）	0.984*** （3.89）	−0.368 （−0.78）	1.160*** （9.02）
家庭有无村干部（1=是；0=否）	0.066 （0.38）	0.015 （0.09）	−0.227 （−0.75）	0.145* （1.86）
非农就业人员平均年龄	−0.022 （−1.50）	0.070*** （4.63）	0.006 （0.30）	0.078*** （14.45）
非农就业人员平均年龄平方/100	0.028 （1.03）	−0.100*** （−4.57）	−0.011 （−0.36）	−0.111*** （−13.85）
亩均土地净产出/元	0.000 1*** （3.14）	0.000 1*** （3.34）	−0.000 9*** （−5.66）	0.000 1*** （3.84）
家庭资产价值/万元	0.005** （2.00）	0.000 5 （0.18）	0.011** （2.34）	0.004*** （3.84）
农地流转类型虚拟变量（政府主导=1）		0.311* （1.78）		−0.122* （−1.67）
家庭抚养比	−0.293 （−1.42）	−0.006 （−0.03）	−0.035 （−0.12）	−0.052 （−0.60）
政府干预农地流转	1.361** （2.19）		5.948*** （11.84）	
村人均耕地面积	−0.019 （−1.19）		−0.034 （−1.13）	
村劳动力外出务工比	0.451** （2.55）		−0.088 （−0.22）	
地区虚拟变量（0=灌云县；1=金湖县）	−0.237 （−1.31）	0.501*** （3.30）	−0.131 （−0.58）	0.091 （1.14）
土地流转虚拟变量（0=未流转；1=转入/转出）		1.612*** （5.81）		0.122 （1.09）

续表

因变量	土地转入方程	农户收入方程	土地转出方程	农户收入方程
地区与土地流转交叉项		0.183 （0.86）		0.082 （0.90）
常数项	1.562 （1.43）	4.435*** （3.32）	−0.737 （−0.40）	7.089*** （13.12）
N	433		661	
Log pseudo-likelihood	−750.24		−639.25	
Wald test of rho=0	chi2（6）=264.37，Prob > chi2=0.000 0		chi2（6）=1 495.19，Prob>chi2=0.000 0	
Wald test for independent equation χ^2	27.88***		0.24	
ρ_{cv}	−0.943 17		0.043 7	

***表示$p<0.01$，**表示$p<0.05$，*表示$p<0.1$

注：括号内为z值。对数似然值是两个方程联合独立性的怀特检验。ρ_{cv} 是方程残差项的相关系数

1. 土地转入对农户收入的影响

如表 7-3 所示，土地转入内生性回归模型的联立方程独立性检验系数为 27.88，并且在 0.01 的水平上显著，说明土地转入方程与农户收入方程不是独立的，需要解决选择性偏差带来的内生性问题。

土地转入方程中，政府干预农地流转系数显著为正，说明政府干预等非观测因素是农户参与土地流转的重要原因。户主外出打工会降低农户土地流转的概率。亩均土地净产出、家庭资产价值和村劳动力外出务工比的估计系数显著为正，说明农户农业生产能力、家庭财富及村庄劳动力转移程度均对农户土地转入有积极的影响。

土地转入农户收入方程中（第 3 栏），土地流转虚拟变量的系数为 1.612，且在 0.01 的水平上显著，表明农户转入土地后收入增加了 161.2%。农地流转类型虚拟变量显著为正，说明政府主导下农户收入高于自发的土地转入户。这一现象可能有两个方面的原因：一是政府主导下转入户平均转入土地 86.32 亩，而农户自发土地流转户均只有 18 亩，转入户土地规模扩大后实现规模效益；二是政府主导下亩均土地总收益更高。政府主导下亩均土地收益有 5 104.17 元，而农户自发土地转入户只有 3 487.01 元。调研发现，政府主导下 67.74%的转入户种植高效经济作物，而自发的土地转入户多以粮食作物种植为主，仅有 22.4%的农户种植经济作物。

影响转入户收入的其他变量中，按照影响程度依次为家庭非农劳动参与率、户主是否外出打工、人均耕地面积、非农就业人员平均年龄和亩均土地净产出。地区虚拟变量的系数显著为正，说明金湖县土地转入户收入显著高于灌云县土地

转入户收入。主要原因是农户土地流转规模的差异。金湖县农户平均土地流转面积95.89亩，而灌云县只有19.86亩。转入户样本中，金湖县42.86%的农户土地流转由政府主导完成，而灌云县这一比例仅为22.37%，两地农户流转规模的差异主要是由流转模式的不同造成的，政府主导下农户转入更多的土地。

2. 土地转出对农户收入的影响

表7-3中土地转出内生性处理回归模型估计结果（第4栏和第5栏），模型联立方程独立性检验系数为 0.24，土地转出方程与农户收入方程是独立的。这说明在政府干预下，农户土地流转决策可能会脱离自身禀赋条件。土地转出方程中，政府干预农地流转变量系数显著为正，说明政府干预是农户参与土地转出的重要原因。亩均土地净产出对农户土地转出影响为负，说明农业生产能力较弱的农户倾向转出土地。家庭资产价值越高，农户转出土地的概率越大，可能的原因是富有的家庭对农业的依赖更低。然而，影响农户转出的其他变量并不显著，进一步说明政府干预下农户土地流转决策可能脱离农户家庭的土地和劳动力资源禀赋条件。

土地转出农户收入方程中（第 5 栏），土地流转虚拟变量的系数并不显著，说明农户土地转出后家庭收入并没有增加。农地流转类型虚拟变量的系数为 −0.122 且在 0.1 的统计水平上显著，表明自发参与土地流转的土地转出户收入更高。影响转出户收入的其他变量中，按影响程度依次为家庭非农劳动参与率、人均耕地面积、家庭有无村干部、非农就业人员平均年龄、家庭资产价值和亩均土地净产出。地区变量和“地区与土地流转交叉项”两个变量并不显著，说明两地农地流转的差异并未对农户收入产生显著影响。

7.4.2 土地流转对农户资源配置效率的影响

进一步探究农户收入变化的微观解释，考察土地流转对农户农业生产效率及非农劳动力配置效率的影响。在内生性处理回归模型框架下，农业生产效率采用 Cobb-Douglas 生产函数进行估计，农户劳均非农工作时间和劳动报酬采用因变量取对数的半对数形式进行估计。

1. 土地流转对农户农业生产效率的影响

Cobb-Douglas 生产函数构建过程中，本章引入农地流转类型和资本投入交叉项，用于捕捉政府主导和农户自发土地流转类型对资本的产出效率的影响。农户农业生产函数估计结果见表 7-4。土地资本投入的弹性系数均显著为正，并对农业产出的贡献最大，其中转入户土地资本投入增加 1%，农业产值增加 42.7%，高于转出户农业生产增加值（39.3%）。对于转入户，农地流转类型和资本投入交叉项系数显著为正，表明政府主导下的土地转入户增加资本投入进而提高农业生产效率。政府主导下转入户亩均资本投入 2 103.07 元，高于农户自发土地转入户资本投入 1 245.03 元。较高的资本投入一方面源于政府主导下土地转入户土地经营规模较大，雇工支出增加，另一方面是由于转入户种植高效经济作物的比例更高，经济作物种子、化肥、人工投入等均高于粮食作物。对于转出户，土地流转对农户农业生产效率未有显著影响，政府主导下农地流转降低了农户土地资本投入对农业生产的贡献度。

表 7-4　土地流转对农户农业生产效率影响的内生性处理模型估计结果

因变量/ln 亩均土地总产出	土地转入户	土地转出户
ln 亩均土地资本投入	0.427*** （27.32）	0.393*** （25.52）
ln 亩均土地自家用工	0.006 （0.86）	0.004 （0.71）
农地流转类型和资本投入交叉项	0.144** （1.96）	−0.049* （−1.67）
土地流转虚拟变量（0=未流转；1=转入/转出）	0.187*** （7.68）	−0.022 （−0.96）
Number of obs	433	427
Log pseudo-likelihood	137.37	550.59
Wald test of rho=0	Prob > chi2=0.000 0	Prob > chi2=0.000 0
Wald test for independent equation χ^2	48.32***	1.84
ρ_{cv}	−0.966	0.345

***表示p<0.01，**表示p<0.05，*表示p<0.1

注：括号内为z值。本表省略了土地流转方程和农业生产方程控制变量的结果，因为它们不是本章关注的焦点

2. 土地流转对农户劳动力资源非农配置效率的影响

农户劳动力资源非农配置模型的估计结果见表 7-5。结果表明，农户土地转入后劳均非农工作时间和劳均非农工作报酬并未显著降低，说明土地转入未给农户带来很高的非农就业机会成本。可能的原因是灌云县和金湖县农户农业生产中多采用省工的机械化作业和自灌溉系统，转入户不需要太多的自家劳动力投入。通过合理的家庭内部分工，户主及配偶从事农业生产，年轻劳动力成员从事非农工作，家庭兼业化即可实现劳动力最优配置。值得注意的是，农户土地转出后劳动力非农工作时间和报酬并未显著增加。尽管农户土地流转后劳动力获得解放，但并未有效地转移到非农业领域，这是转出户收入未显著增加的重要原因。劳均非农工作报酬模型中转出户农地流转类型虚拟变量系数显著为负，即相对于政府主导下的转出户，农户自发流转的转出户非农工作报酬更高，说明其劳动力资源配置效率更高。调研发现，农户自发流转的土地转出户拥有更自由的土地流转权

利，他们的流转决策是基于劳动力非农工作机会和报酬的增加做出的。政府主导下土地转出户受到政府农地规模经营目标较大的约束，基层政府和村集体会动员多数的农户参与土地流转以实现土地规模连片经营，一些非农就业能力较弱的农户也被迫转出土地。根据调研数据，样本地区政府主导下土地转出户中 20%的农户非自愿参与土地流转。对于被动参与土地流转的农户，其土地转出后劳动力难以非农转移，非农业收入也难以增加（游和远等，2013）。

表 7-5 土地流转对农户劳动力资源非农配置效率影响的内生性处理模型估计结果

因变量（ln）		劳均非农工作时间/天	劳均非农工作报酬/（元/天）
土地转入户	土地流转虚拟变量（0=未流转；1=转入）	−0.108 （−0.75）	0.068 （0.67）
	农地流转类型虚拟变量	−0.019 （−0.21）	0.087 （1.35）
	Number of obs	340	340
	Log pseudo-likelihood	−330.97	−321.20
土地转出户	土地流转虚拟变量（0=未流转；1=转出）	0.068 （0.67）	−0.076 （−0.61）
	农地流转类型虚拟变量	0.087 （1.35）	-0.372^{***} （−5.01）
	Number of obs	550	550
	Log pseudo-likelihood	−321.2	−574.90

***表示p<0.01

注：括号内为z值。本表省略了土地流转方程和劳动力因变量方程控制变量的结果，因为它们不是本章关注的焦点

7.5 结论与政策建议

当前政府干预农地大规模流转的背景下，农户参与土地流转必将对其收入和资源配置格局产生巨大影响。本章研究表明，农户土地转入后收入大幅度增加，土地转出后收入反而降低。通过研究土地流转对农户土地和劳动力资源配置效率的影响来探究农户收入变化的根源，发现土地转入显著提高了农户农业生产效率，政府主导下土地流转转入户收入和农业生产效率均高于农户自发土地流转的土地转入户。值得注意的是，通过合理的家庭内部分工，土地转入并未显著降低农户家庭劳动力非农配置效率。农户土地转出后劳均非农工作时间和劳均非农工作报酬并未显著增加，即农户并未因土地转出而提高劳动力非农配置效率。政府主导下土地流转的土地转出户劳动力非农工作报酬低于农户自发土地流转的土地

转出户。因此，政府干预农地流转有利于转入户收入增加和农业生产效率提高，而对转出户收入增加效应和非农劳动力配置效应未有显著影响。

从结论中可以引申出以下的政策启示：政府的干预可以降低农地流转交易费用，促进土地市场发育，有利于农户转入土地，提高农业生产效率，增加农业收入；政府干预下转出户资源配置受到较强的约束，农业生产效率降低，劳动力非农配置效率并未提高，因此收入也未增加。因此，政府在推动农地流转过程中，应当兼顾转入户和转出户的利益，在发展规模经营时，要尊重农户土地转出意愿，使得土地转出能与农户家庭资源配置效率提升有效统一。同时，进一步发展非农经济，解除体制性障碍对农村劳动力非农转移的约束，吸纳更多劳动力转移到非农业领域，从而促进农村土地流转和规模经营。此外，进一步深化土地流转制度改革，划清土地流转中政府和市场的边界，将政府权力严格界定在市场机制培育、土地流转服务、流转风险防范等方面，避免政府直接干预农地流转。

7.6 本章小结

本章基于江苏省苏北地区灌云县和金湖县的农户调研，采用内生性处理回归模型考察政府干预下土地流转对不同类型农户收入的影响，并从农户土地和劳动力资源配置效率的角度解释农户收入变化的根源。研究结果表明，政府干预下土地流转对不同类型农户收入的影响效应有很大差异，农户土地转入后收入增加了161.2%，转出户收入并未显著增加。从农户资源配置角度考察，发现农户转入土地后农业生产效率显著提高，转出土地后农业生产效率降低。农户土地转出后非农工作时间和非农工作报酬并未显著增加，表明并未提高转出户非农劳动力资源配置效率。同时，比较政府主导和农户自发两种农地流转类型对农户收入和资源配置效率的影响差异。结果发现，相对于农户自发土地流转，政府主导土地流转下，农户转入土地面积更大，并显著提高了单位面积土地生产效率和家庭收入水平；政府干预土地转出不利于农户土地和劳动力资源配置效率及收入水平的提高。基于以上分析，研究认为政府干预降低了土地流转交易费用，有利于转入户扩大土地面积，实现规模经济效益，进而增加转入户收入；然而，政府干预下转出户资源配置面临较大约束，配置效率和收入都未能实现最大化。因此，政府在完善农地流转服务政策的同时，应当尊重农户土地流转意愿，使得农户土地流转符合家庭资源配置收入最大化目标。同时，要通过非农就业培训、发展非农经济，吸纳更多劳动力转移到非农业领域，进一步促进农村土地流转和规模经营，优化农村土地和劳动力资源配置效率，持续增加农民收入。

第8章　政府主导与农户主导型农地流转对农户收入影响的差异比较研究

在政府这只看得见的手的指挥下，农地流转是否提高了农户土地和劳动力资源配置效率，是否实现了农户家庭资源报酬最大化，是政府制定土地流转政策时需要重点关注的问题。在衡量政府主导下的土地流转对于农户是否最有效率时，需要设置可以比较的对照组。已有的文献在研究土地流转与农民收入关系时，一般将未参与土地流转农户设置为对照组（张笑寒，2008；薛凤蕊等，2011；王春超，2011；李中，2013），比较土地流转农户与未流转农户的收入差异，较少区分不同主导力量的农地流转对农户资源配置效应和收入的影响，因此未能观察到政府主导的土地流转是否具有效率，无法对当前政府推动的大规模流转提出改进意见。本章以农户自发的土地流转（下文称农户主导型农地流转）为对照组与政府主导型农地流转进行比较，是因为在这种土地流转模式下，农户土地流转行为不受政府和村集体的干预，土地流转决策是农户基于土地和劳动力资源禀赋条件做出的选择，符合家庭资源配置效率最大化目标（王春超，2011）。对比分析两种农地流转模式，有助于我们得出政府主导下的土地流转是否更有利于农户资源配置效率的提高，是否更有利于农民增收。本章的安排如下：首先，介绍政府主导型农地流转的内涵，理论分析政府主导型农地流转与农户主导型农地流转对农户收入的影响机理。其次，采用双重差分法评估政府主导与农户主导两种农地流转类型对农户收入的影响差异，分析不同劳动力条件农户收入表现出的差异。最后，提出保护农户权益、增加农户收入的政策建议。

8.1　政府主导型和农户主导型农地流转对农户收入影响的理论分析

8.1.1　政府主导和农户主导两类农地流转类型的内涵界定

已有学者对政府主导型农地流转进行研究，总结学者们的观点，政府主导型农地流转的内涵包括以下两点。第一，基层政府既充当规模经营主体租地的中介平台，又以其强制力、行政命令等方式干预农地流转过程（刘鸿渊，2010；于传岗，2011）；第二，基层政府和村委会是农地流转的实际决策人，承担农地产权代理人的角色（董国礼等，2009）。农户主导型农地流转是指农户自己确定流转对象，经过谈判、签约等实现土地流转，农户拥有完全的土地流转决策权。

8.1.2　土地流转对农户收入影响的理论分析

土地和劳动力是农户家庭两种重要的生产要素。土地流转后农户收入的变化是农户家庭劳动力和土地要素重新配置及其报酬变化的结果。农户转出土地后，一部分土地报酬由农业经营性收入变为土地租金收入。同时，农户部分或全部劳动力与土地分离从事其他工作，家庭非农业收入变化。因此，两种类型土地流转对农户收入的影响差异将主要体现在土地资源报酬和农户非农收入上。

1）两种类型土地流转对农户土地资源报酬的影响

土地资源报酬主要以两种收入形式存在，分别是农业经营性收入和土地租金收入。土地资源报酬与农户土地流转租金、转出面积和剩余农地面积有关。土地租金收入等于单位面积流转租金与转出面积的乘积，农业经营性收入是剩余土地面积的增函数。由于土地流转面积因农户而异，两种农地流转类型对土地流转面积的影响没有明显的规律性，所以只分析政府主导型和农户主导型农地流转租金的差异。

农户主导型农地流转由农户之间协商确定土地租金价格，流转租金与农户家庭特征、谈判能力、土地质量、交易费用、就业状况等密切相关。然而，政府主导型农地流转则由基层政府或村集体代表农户与用地主体谈判、签约，交易主体和土地流转规模的变化导致土地租金的确定机制发生了很大变化。第一，政府主导土地流转增强了土地的需求强度和价格谈判能力。政府主导型农地流转通过建立网络化的土地流转平台，将规模连片的农地在更大范围内寻找潜在的转入主体，增加土地需求者。在土地供给量一定的情况下，农地转入主体之间的竞争增强，在公开竞价的方式下势必增加土地流转价格。农户主导型农地流转多发生在亲戚或同村熟人之间，需求主体较少，难以形成竞价，一般通过协议方式形成价格，土地转出农户往往碍于情面也只收取少量租金。第二，政府主导型农地流转减少了土地流转交易费用，增加了农户土地租金。政府代表众多农户和流入主体谈判、签约，可以避免流入主体挨个与农户交易，大大减少了流转合同签订的费用。政府作为农户土地产权代理人，以其权威性和公信力保障土地流转合约执行，既保障农户土地租金的按时兑付，也满足用地主体对土地产权安全的需求，减少土地流转合约执行、监督费用。因此，政府主导土地流转提高了土地流转效率，减少了交易费用对土地租金的侵蚀。第三，政府主导农地流转削弱了农户异质性特征对土地租金的影响，土地租金对于不同类型农户不具有差异性。在农户主导型农地流转下，小农户面对不同流转对象并签订差别化的流转合约，农户可接受的土地租金受到个体特征较大影响。然而，政府主导型农地流转为满足农地规模经营需求，往往动员众多农户参与以实现土地规模集中流转，对于同一土地质量的土地，土地租价价格对于不同类型农户具有一致性，理论上要高于所有农户可接受的最低租金水平。因此，政府主导型农地流转租金要高于农户主导型农地流转租金。

2）两种类型土地流转对农户非农收入的影响

土地流转能否增加农户非农业收入，将主要取决于农户剩余劳动力能否顺利转移。农户主导下的土地流转，农户拥有自由的土地流转权利，能够通过对劳动力转移机会的预期做出土地流转决策，实现家庭劳动力在农业和非农业领域的最佳配置（王春超，2011）。相对于农户自发的土地流转，政府主导下农户的土地流转决策受到较大的影响。政府的特殊地位决定其既是市场规则的制定者又是市场的参与者，同时又兼顾农地规模经营和农民权益保护的双重目标。在双重身份和双重目标下政府很难成为合格的土地产权代理人。为了追求农地流转的规模和效率，政府容易将其行政化、命令式作风带到土地流转过程中，并以农村的民主决策原则（少数服从多数）动员少数不愿意参与土地流转的农户。对于服从流转项目且非农就业能力较差的农户，土地流转后剩余劳动力难以得到转移，农户土地流转的收入增加效果显著低于农户主导下的土地流转（游和远等，2013）。

然而，农户自发的土地流转多数不规范，农户之间以口头协议为主并且不约定土地租赁期限（叶剑平等，2010）。这种不稳定的土地流转合约关系一旦终止，农户就要收回土地，重新耕种土地或寻找新的承租户。政府介入后土地经过市场化平台流转给规模经营主体，并且建立相关的合同管理和监督体系，以保证土地流转双方具有长期且稳定的合约关系。田传浩和李明坤（2014）基于湖北、陕西、浙江三省 1 134 个农户调研数据的研究表明，长期的土地租赁契约能够显著促进农户劳动力非农就业。长期的土地流转合约减少了农户频繁寻找承租户的交易成本，有利于农户“放心”离土，增加劳动力转移的时间预期，间接地保证农户非农就业的稳定性和长期性，有利于增加农户非农业收入。此外，一些地方政府在推动土地大规模流转的同时，还会采取劳动力就业培训和推荐就业等措施提高剩余劳动力的转移能力和机会，也有利于增加农民的非农业收入。因此，从理论上难以简单判断政府主导型农地流转和农户主导型农地流转哪个对农户非农业收入的增加效果更明显。

3）两种类型土地流转对不同类型农户收入的影响

由于农民内部分化为非农业经营户、兼业户和纯农户，不同类型农户对农业生产的依赖程度不同，政府主导型农地流转和农户主导型农地流转对其家庭总收入的影响有很大差异。对于非农业经营户和以非农业为主的兼业户，其劳动力非农就业能力较强，就业机会较多，与农户主导型农地流转相比，政府主导型农地流转不仅有利于其释放部分劳动力转移到非农业领域，获得更多的工资性收入，还可以获得较高的土地租金收入，家庭总收入一般因此而增加；对于以农业为主的兼业户和纯农户，他们非农就业的能力较差，政府主导型农地流转对其非农就业收入的正向效应不明显。而且由于土地被迫转出后大部分农户都无法通过再转入土地的方式来获得农地的经营权，这部分农户的家庭劳动力常常处于闲置状态，导致家庭总收入有可能因政府主导土地流转而下降。

8.2　数据来源与样本描述性统计

8.2.1　数据来源

2014 年 7~8 月课题组成员对江苏省连云港市灌云县和淮安市金湖县的农户进行调研。两县均处于江苏省苏北地区，以农业生产为主，并且两县均有村庄发生过政府主导的大规模的土地流转。为了有效区分政府主导和农户主导农地流转下两类农户的样本，政府主导型农地流转样本农户主要在发生过地方政府推动的农地大规模流转的村庄中选取，样本农户符合本章对政府主导型农地流转的界定；农户主导型农地流转农户样本主要在没有发生过政府主导的大规模土地流转的村庄内选取，并且两类村庄的经济发展水平相似。调研对象的农地流转时间发生在 2010~2012 年，以保证农地流转对农户收入的影响趋于稳定和可比。所有的样本均按照随机原则在村庄内抽取。最终调研获取了灌云县和金湖县的 20 个村庄 235 个有效农户样本，其中属于政府主导的农地流转样本 176 个，属于农户主导的农地流转样本 59 个①。

8.2.2 样本描述性统计

本次农户调研访问的信息包括 2009 年及 2013 年农户家庭基本情况、生产经营、劳动力就业和各项收入等信息。如表 8-1 所示，样本农户在承包地面积、户主年龄、户主受教育程度、劳动力比例等方面基本没有差异。家庭人口在政府主导和农户主导土地转出户之间存在显著差异，农户主导下土地转出户家庭人口数要多于政府主导下土地流转农户。

表 8-1　农户家庭基本特征

农户家庭基本特征	政府主导下土地转出户		农户主导下土地转出户		农户基本特征差异 t 检验 H0：无差异
	2009 年	2013 年	2009 年	2013 年	
	（1）	（2）	（3）	（4）	（5）
家庭人口	4.30 （0.15）	4.28 （0.16）	5.00 （0.27）	4.90 （0.27）	−0.70** （−2.28）
承包地面积/亩	7.22 （3.71）	7.22 （0.28）	7.73 （5.79）	7.73 （0.75）	−0.51 （−0.79）
户主年龄	54.20 （0.82）	57.38 （0.80）	53.68 （1.60）	57.51 （1.56）	0.53 （0.31）
户主受教育程度/年	6.30 （0.23）	6.27 （0.23）	5.86 （0.45）	5.86 （0.45）	0.44 （0.79）
劳动力比例/%	0.43 （0.02）	0.58 （0.03）	0.42 （0.05）	0.59 （0.04）	0.01 （0.07）

***表示$p<0.01$，**表示$p<0.05$

注：1）（1）~（4）列括号内为标准差，（5）列括号内为t统计量；2）是检验两组观测均值是否相等的t检验；3）主要针对土地流转前政府主导与农户主导农户基本特征差异t检验

表 8-2 列出了土地流转前后政府主导和农户主导土地转出户各项收入的统计结果。从表 8-2 中可以看出，2009 年和 2013 年，两种类型农户收入都大幅度上升。其中，农户收入增长贡献主要来自非农业收入。值得注意的是，政府主导下转出土地农户的人均纯收入和人均非农业收入增加值均低于农户主导下转出土地农户，两者之间人均纯收入的净差值为 1 178 元，人均非农业收入的净差值为 1 287 元。政府主导下土地流转租金收入明显高于农户主导下的土地流转，这是因为政府主导下农地流转租金水平普遍较高，每亩租金平均值为 846 元，而农户主导下的土地流转每亩租金只有 568 元。为了衡量土地资源报酬，本章也计算农

① 农户主导型农地流转样本农户之所以比较少，有两方面原因。一方面，农户自发的土地流转现象本身比较少，而采取随机原则调研的方式更降低了采访到土地流转农户的可能性。另一方面，研究要求土地流转时间处于 2010~2012 年，对农户条件的严格要求进一步缩小了样本容量。但是研究构成两年的面板数据，样本量仍然满足大样本数据的统计要求。

业纯收入与租地收入之和。表 8-2 统计显示，政府主导下转出土地农户的土地资源报酬要高于农户主导下转出土地农户。

表 8-2　土地流转前后政府主导和农户主导土地转出户各项收入比较分析

农户人均收入/元	政府主导下转出土地农户			农户主导下转出土地农户			净变化差异
	2009 年	2013 年	2013 年–2009 年	2009 年	2013 年	2013 年–2009 年	
	（1）	（2）	（3）=（2）-（1）	（4）	（5）	（6）=（5）-（4）	（3）-（6）
纯收入	10 348（10 024.24）	14 198（13 436.3）	3 850	8 869（8 248.17）	13 897（10 369.73）	5 028	−1 178
农业纯收入	1 785（1 882.48）	375（787.19）	−1 410	1 347（1 401.49）	368（737.62）	−979	−431
非农业收入	8 351（9 637.23）	12 377（13 401.06）	4 026	7 339（8 030）	12 652（10 349.33）	5 313	−1 287
租地收入	1.23（16.34）	1 188（1 013.39）	1 187	27（99.66）	661（752.81）	634	553
其他收入	210（178.87）	258（205.67）	48	155（132.62）	215（163.49）	60	−12
土地资源报酬	1 787（1 881.51）	1 563（1 333.09）	−224	1 374（1 392）	1 030（1 098.12）	−344	120

注：（1）、（2）、（4）、（5）列括号内为标准差；农业纯收入只扣除了农业生产物质费用，未扣除自家投入劳动力成本；表中所有收入变量都用以2009年为基期的消费者物价指数进行了换算；人均其他收入包括农户的养老保险金收入以及政府其他补贴性收入

8.3　模型与计量分析

8.3.1　模型构建

本章研究将运用双重差分法来评估政府主导与农户主导下转出户收入差异。双重差分法的基本原理是将调查样本分为两组，一组是受政策影响的参与组，称为处理组；一组是不受政策影响的对象，称为对照组。根据处理组和对照组在项目实施前后的相关信息，可以计算出处理组和对照组在项目实施前后某一个指标（如收入）的变化量（收入增长量），然后计算处理组和对照组同一指标变化量的差值（即倍差值）就可以反映政策对处理组的净影响。将调研样本中政府主导型农地流转农户作为处理组，将农户主导型农地流转的农户作为对照组。通过控制时点差异因素和农户个体差异因素，比对农地流转前后处理组和对照组之间农户收入的差异。

Y_{it} 代表 t 时期 i 农户的人均各项收入（纯收入、农业收入、非农业收入、租地

收入、其他收入、土地资源报酬），将其作为受到政策影响的因变量。政府主导型农地流转前后分别用“$t=0$”和“$t=1$”表示。P_i是一个二值虚拟变量，政府主导型农地流转转出户取值为 1，农户主导型农地流转转出户取值为 0。设立交叉项P_it，以评价两种类型农地流转对农户收入的影响差异。研究采用的计量模型为

$$Y_{it}=\alpha_0+\beta_1 t+\beta_2 P_i+\delta*\left(P_i t\right)+\alpha_1 X_{it}+\alpha_2*\left(tZ_{it}\right)+a_i+u_{it} \tag{8-1}$$

其中，X_{it}是一组因时而变可观测的影响收入的控制变量，包括家庭人口数、户主年龄、家庭劳动力比例等。a_i是非观测效应，控制随时间不变的不可观测因素。u_{it}是特异性扰动项，代表因农户和时间而变化且影响农户收入的那些非观测扰动因素。δ是研究最为关注的参数，衡量了两种类型农地流转对农户收入的影响差异。短期面板数据模型的估计方法有随机效应模型（random effects model）、固定效应模型（fixed effects model）和一阶差分模型（first difference model）。随机效应模型对非观测效应a_i、u_{it}、X_{it}有很强的不相关假设，现实条件很难满足（陈强，2010）。因此我们考虑固定效应模型或一阶差分模型，两者的区别是扰动项u_{it}是否满足无时序自相关，若满足，则使用固定效应模型更有效。研究选择两期的面板数据，故可以不考虑面板自相关问题（Woolridge，2002），固定效应模型与一阶差分模型的估计值及其检验统计量完全一样（陈强，2010）。参考学者们在使用双重差分模型研究相关问题时常用的计量经济方法（张笑寒，2008；薛凤蕊等，2011；马林靖，2008；张兵和左平桂，2009；徐晋涛等，2004），本章选择固定效应模型进行估计。固定效应模型是基于除时间均值变量的最小二乘法估计，因时间不变或变化不大的因素如承包地面积、户主受教育程度等估计参数将无法识别和估计。为了解决这个问题，我们在模型中引入因时不变因素Z_{it}和时间t的交叉项。

8.3.2 计量结果分析

1）政府主导与农户主导型农地流转对农户收入影响差异

本章使用 Stata 12.0 对式（8-1）进行计量经济检验。表 8-3 的结果显示，控制其他变量后，政策净效应代表了两类农户各项收入的净差异。尽管两种农地流转类型对农户人均纯收入和人均非农业收入的影响差异没有达到显著水平，但是这不影响我们的分析结论。从政策净效应这一变量的系数来看，相对于农户主导下土地转出户而言，政府主导下农户人均纯收入、人均非农业收入和人均农业收入都有所减少，人均租地收入、人均土地资源报酬显著性增加。人均非农业收入体现了农户劳动力资源配置效率，政府主导下土地转出户人均非农业收入低于农户

主导下土地转出户，说明农户主导下土地流转后农户劳动力资源非农配置效率更高，劳动报酬增加更多。调研中我们发现，政府主导下 12%的农户反映被村干部劝说土地流转，这部分农户不是基于劳动力转移机会做出的土地流转决策，土地流转后释放的劳动力也难以转移到非农业领域。农户主导下土地转出户会根据非农就业的预期在农业和非农业领域分配劳动时间，土地流转后部分劳动力资源可以转移到报酬更高的非农业部门；政府主导下农户人均农业收入加租地收入比农户主导的转出户显著高出 401.5 元，主要原因是政府主导下农户土地租金较高，说明政府主导对农户土地资源配置效应更强，土地流转后农户土地资源报酬增加较多。

表 8-3　政府主导与农户主导下农地流转对农户收入影响固定效应模型估计结果

变量	人均纯收入	人均农业收入	人均非农业收入	人均租地收入	人均其他收入	人均土地资源报酬
政策净效应	−1 067.3 (−0.96)	−396.8* (−1.87)	−1 266.0 (−1.14)	521.5*** (4.86)	−2.517 (−0.40)	401.5*** (3.22)
时间	6 102.1*** (2.87)	−732.7** (−2.11)	6 492.0*** (3.07)	298.8 (1.61)	−58.74*** (−5.01)	−323.3 (−1.30)
户主年龄	1 401.9 (1.39)	231.5 (1.65)	1 340.5 (1.28)	−226.6*** (−2.97)	−5.19 −1.22	−104.3 (−1.29)
户主年龄平方	−17.75** (−1.99)	−0.639 (−0.54)	−17.72* (−1.91)	0.927 (1.41)	0.230*** (8.54)	1.106* (1.81)
户主受教育程度	907.4*** (3.13)	−200.9*** (−6.70)	946.2*** (3.18)	178.7*** (12.39)	−3.578*** (−4.07)	25.68 (1.55)
农户家庭劳动力比例	7 280.1*** (3.84)	74.12 (0.21)	7 314.8*** (3.80)	150.0 (0.95)	−40.54*** (−2.87)	72.28 (0.27)
农户家庭总人口	−2 870.2* (−1.73)	138.6 (0.76)	−2 707.3 (−1.62)	−320.4*** (−3.08)	−16.53 (−1.36)	−218.3** (−2.10)
承包地面积	−25.90 (−0.18)	−111.8*** (−2.87)	−33.64 (−0.24)	102.3*** (6.26)	0.608 (0.74)	77.79*** (3.20)
地区 (金湖县=0，灌云县=1)	−789.18 (−0.57)	1 437.75*** (6.77)	−1 025.48 (−0.73)	−1 020.38*** (−8.47)	−5.69 (−0.85)	417.36** (2.21)
常数项	−7 964.1 (−0.24)	−8 303.2* (−1.72)	−7 386.5 (−0.22)	9 687.7*** (3.68)	−362.8*** (−3.41)	3 869.2 (1.19)
R^2	0.26	0.48	0.27	0.69	0.76	0.59
N	470	470	470	470	470	470

***表示p<0.01，**表示p<0.05，*表示p<0.1

注：括号内的数为t检验值；模型中也包括农户2009年的各项收入变量，为节省篇幅研究没有汇报系数估计结果

人均纯收入的影响因素基本上和人均非农业收入相同。其中，时间变量代表了土地流转后农村经济发展和非农劳动力转移带来的收入效应，显著地增加了农户非农业收入和总体收入水平。户主年龄平方与人均纯收入和人均非农业收入关

系显著且系数为负，说明年龄与收入呈现倒 U 形关系。农户家庭劳动力比例对家庭人均纯收入和人均非农业收入有显著的正向影响，说明劳动力资源丰富的家庭收入水平较高，并主要反映在对非农收入的贡献上。户主受教育程度对农户家庭人均农业收入和人均非农业收入的影响方向不同。户主受教育文化程度越高，非农就业转移的机会越大，因而对非农收入的影响越大（邹薇和张芬，2006）。户主受教育程度与人均农业收入呈反方向变动，该结论与谭银清等（2014）的研究一致，主要原因是低学历农户对农业经营的依赖性较强，高学历农户对农业经营收入有着显著的排斥倾向。农户家庭总人口对人均租地收入有着显著的负向影响。原因是调研地区从 1998 年第二轮土地承包之后就基本上再没有进行土地调整，拥有土地的农户基本不变，家庭人口的增加反而会降低人均承包地面积，因此农户家庭人口数越多，人均土地流转租金收入反而越少。收入的地区差异也较为显著，灌云县农户人均农业收入显著高于金湖县 1 437.75 元，但是人均租地收入显著低于金湖县 1 020.38 元，土地资源报酬灌云县要显著高于金湖县。这些差异由两地政府主导土地流转的规模造成。金湖县政府主导的户均土地转出面积为 8.75 亩，户均剩余土地面积只有 1 亩；灌云县户均土地流转面积为 2.42 亩，每户剩余土地面积 2.13 亩。

2）政府主导和农户主导型农地流转对不同类型农户收入的影响差异检验

筛选出 2009 年处理组和对照组以农业生产为主的农户和以非农业生产为主的农户[①]两类数据，剔除掉 8 个非经营户，剩余 227 个农户数据，其中土地流转前以农业生产为主的农户有 63 户（政府主导下转出户 48 个，农户主导下转出户 15 个），以非农业为主的农户有 164 户（政府主导下转出户 122 个，农户主导下转出户 42 个），然后估计土地流转对处理组和对照组两类农户收入的影响差异。为了保证处理组和对照组两类农户数据具有可比性，首先我们进行农户家庭基本特征的 t 检验。从表 8-4 的统计结果可以看出，除了家庭人口变量，两类农户其他家庭特征基本上没有差异。因此，接下来我们将使用式（8-1）对处理组和对照组以农业生产为主和以非农业生产为主的农户收入影响差异进行计量检验。如表 8-5 所示，这里只汇报政策净效应的估计结果和模型的拟合优度。从各项收入的政策净效应估计值来看，对于两种农地流转类型，以农业生产为主的农户收入差异更大，对照组农户人均纯收入比处理组高出 2 165.89 元，且收入差异主要来自人均非农业收入。对于以非农业生产为主的农户，处理组农户人均纯收入虽然低于对照组农户（差值为 1 137.66 元），但是收入差异小于以农业生产为主的农户。此

① 将除非经营户的所有农户划分为纯农户，农业兼业户，非农兼业户和纯非农户。农业兼业户是指农业收入占总收入 50%以上的兼业农户，非农兼业户是指非农业收入占总收入 50%以上的兼业农户。根据研究需要，将纯农户和农业兼业户统称为以农为主的农户，将非农业兼业户和纯非农户统称为非农为主的农户。

外，处理组农户人均土地资源报酬显著高于对照组农户（高出 387.74 元），说明对于以非农业生产为主的农户，政府主导增强了农户土地资源配置效应，有利于土地资源报酬增加。然而，对于以农业生产为主的农户，政府主导下的土地资源报酬较低，土地资源配置效应较弱。原因是政府主导下农户土地流转的规模较大，户均剩余土地面积只有 1.27 亩，低于农户主导型农地转出户（2.31 亩），因此政府主导型农地流转下的农户人均农业收入显著低于农户主导型农地流转（差值为 1 059.25 元），土地流转租金收入尚不足以弥补家庭减少的农业收入。值得注意的是，无论是以农业为主农户还是以非农业为主农户，农户自主土地流转下家庭劳动力资源非农配置均是最有效率的，流转后劳动力资源配置效率进一步优化，明显地增加了非农业收入。

表 8-4　土地流转前以农业为主和以非农业为主农户家庭基本特征差异性检验

农户家庭基本特征	流转前以农为主处理组和对照组农户家庭基本特征差异 t 检验　H0：无差异		流转前以非农为主处理组和对照组农户家庭基本特征差异 t 检验　H0：无差异	
	差值	t 值	差值	t 值
家庭人口	1.51**	2.38	0.186	0.57
承包地面积/亩	0.78	0.67	0.47	0.59
户主年龄	−0.517	−0.16	−0.24	−0.12
户主受教育程度/年	−0.042	−0.04	−0.37	−0.67
劳动力比例/%	0.005	0.134	−0.004	−0.107

**表示 $p<0.05$

表 8-5　政府主导和农户主导下不同类型农户收入固定效应模型估计结果

解释变量	以农业为主农户		以非农业为主农户	
	政策净效应 δ	拟合优度 R^2	政策净效应 δ	拟合优度 R^2
人均纯收入	−2 165.89 （−1.49）	0.63	−1 137.66 （−0.81）	0.21
人均农业收入	−1 059.25** （−2.07）	0.59	−202.16 （−0.81）	0.53
人均非农业收入	−2 153.743 （−1.41）	0.64	−1 338.62 （−0.96）	0.23
人均租地收入	643.32*** （3.25）	0.71	403.22*** （4.33）	0.80
人均其他收入	10.59 （0.67）	0.85	−1.85 （−0.34）	0.74
人均土地资源报酬	−68.64 （−0.18）	0.17	387.74*** （2.90）	0.65
N	126	126	328	328

***表示 $p<0.01$，**表示 $p<0.05$

8.4 结论与政策建议

8.4.1 结论

本章对比分析了政府主导型与农户主导型农地流转对转出户的收入影响差异，以两种类型土地流转对农户的增收效果评价了农地流转的资源配置效应。有以下主要结论。

（1）农户主导型农地流转使农户劳动力资源得到更高效的配置，人均非农业收入比政府主导型农地流转农户高出 1 266 元。其中，以农业为主农户人均非农业收入比政府主导下土地转出户高出 2 153.74 元，以非农业为主农户人均非农业收入比政府主导下土地转出户高出 1 338.62 元。

（2）不同类型土地流转对不同农户的土地资源配置效应有很大差异。对于以非农业为主农户，政府主导下转出户土地资源得到更好的配置，人均土地资源报酬比农户主导下土地转出户高出 401.5 元；对于以农业为主农户，农户主导下的土地流转使土地资源得到更高效配置，人均土地资源报酬比政府主导下土地转出户高出 68.64 元。

8.4.2 政策建议

基于以上研究，可以得到以下政策启示。

（1）尊重农户的土地流转意愿，土地流转面积符合农户收入最大化目标。政府为了满足规模经营主体的用地需求，往往推动土地规模集中流转。对于以农业生产为主的农户，土地流转面积过大，参与流转后土地资源报酬反而降低，剩余劳动力也难以有效转移。因此，应当尊重农户土地流转意愿，对于不愿意转出土地的农户，采取“调地安置”的措施解决。土地流转面积不能仅从经营主体的角度考虑，还要由农户自己确定，保护农民土地经营权利。

（2）完善土地流转市场建设，鼓励农户通过政府建立的平台参与土地流转，以获得更高的租金收入。小农户在土地市场中的谈判能力较弱，农户之间直接的土地流转不利于土地资源价值的实现，通过政府平台规模连片流转土地更能实现土地租金价值增值，增加农户土地资源报酬。

（3）针对不同类型农户采取差别化的土地流转和劳动力扶持政策。对于以农业生产为主的农户，要优先满足他们的种地需求，不能片面地追求经营规模而剥夺小农户经营土地的权利。同时，要完善金融政策、补贴政策，扶持农户转入土地成为种田大户，利用其农业生产比较优势扩大土地经营规模以增加收入。对于以非农业为主的农户，土地转出后可以采取就业培训、推荐就业等措施促进农户劳动力转移，增加农户非农业收入。

8.5 本 章 小 结

本章基于江苏省苏北地区灌云县和金湖县的 235 户农户调研数据，运用双重差分模型对比分析政府主导和农户主导型农地流转对农户收入影响差异，衡量不同类型农地流转对农户土地和劳动力资源配置效应。结果表明：对于全部样本农户，农户主导型农地流转对农户劳动力的资源配置效率均高于政府主导型农地流转，人均非农业收入比政府主导下土地转出户高出 1 266 元。土地资源配置效应因农户类型和流转类型不同而有所差异。对于土地流转前以非农业为主的农户，政府主导下土地转出户人均土地资源报酬比农户主导下土地转出户高出 387.74 元，但是对以农业生产为主的农户，政府主导土地流转使得农户土地流转面积过大，农户农业纯收入大幅度降低，人均土地资源报酬低于农户主导型农地流转转出户。因此，应当尊重农户土地流转意愿，使土地流转符合农户资源配置收入最大化目标；同时，鼓励农户通过政府建立的平台参与土地流转，显化土地租金价值；针对不同类型农户，采取差别化的土地流转和劳动力扶持政策，增加农户收入。

第9章　政府干预农地流转对农民收入不平等影响研究

近年来，我国对农村地区经济发展的扶持和“惠农”政策的实施取得一系列成效，2010 年以来农村居民收入增速连续超过城镇居民，城乡收入差距不断缩小。然而，农村居民内部收入不平等程度并没有下降，仍呈现出加剧的趋势（陆学艺等，2012）。国家统计局调查显示，我国农村居民纯收入的基尼系数从 1985 年的 0.23 上升到 1995 年的 0.34，到 2012 年则扩大为 0.39，逼近 0.4 的收入分配不平等警戒线（国家统计局住户调查办公室，1986，1996，2013）。不断扩大的农民间收入差距会诱致各种负面效应，阻碍区域经济的稳定增长（万广华等，2008）。

土地是农民重要的生产要素和收入来源，农地资源配置格局对农民家庭收入分配产生重要影响。政府干预下的农地大规模流转引发的收入分配问题引起了一些学者的担忧。焦长权和周飞舟（2016）对乡镇政府推动资本下乡的结果进行了详细的观察，发现乡村干部和企业在农地流转中获得巨大利益，各种惠农政策也都被企业得到，农民利益的实现途径非常有限。更多的研究表明政府推动下的农地大规模流转对不同农民群体利益的实现有很大区别，低收入、纯农户和非农就业能力较差的农民群体往往成为利益受损的群体（王德福和桂华，2011；孙新华，2012）。然而，这些文献主要是从社会学和政治学的视角基于案例研究的方法考察政府干预农地流转对农民收入分配的影响，由于案例的特殊性，可能并不能很好地代表政府干预农地流转的整体效果。此外，现有文献很少区分政府对农地流转干预的不同政策工具对农民收入分配的影响差异。为了弥补研究方法和研究内容的不足，本章运用农户经济学研究方法，使用江苏省灌云县、金湖县、泗洪县和宝应县四县村庄和农户层面的调查数据研究政府干预农地流转市场对农户收入不平等的影响，从整体上把握政府干预是否恶化了农民收入分配关系，以及政府不同的干预政策工具对农民收入差距的影响，以便从中得出规范政府干预行为的政策启示。根据政府干预农地流转市场的主要方式，本章重点研究政府农地流转中介组织、农地流转补贴和行政命令三类政府干预政策对农民收入不平等的影响。

本章在界定政府农地流转市场干预政策的基础上，运用交易费用理论分析政府市场干预政策对农户参与土地流转及其资源配置效率的影响，进而过渡到对农户收入不平等的影响，研究的主线是“政府干预土地市场—交易费用—农地流转—农户资源配置效率—农户收入不平等”。

9.1　政府农地流转市场干预政策对农民收入不平等的影响机理

9.1.1　要素价格、交易费用与农民收入不平等

古典经济学收入分配理论认为，农民收入取决于农民拥有的资源禀赋和资源要素价格，主要是土地、劳动力和资本（斯密，1972）。因此把农民收入差距归结为资源禀赋和要素价格的差异。参考 Benjamin 和 Brandt（1997）的模型框架，假设农民的初始土地、劳动力要素禀赋分别为 A 和 L，为了简化模型，不考虑农民资本要素对收入的影响。不存在要素市场失灵的情况下，农民可以自由地在市场上出售或购买生产要素，假设农民在农业生产中投入的土地和劳动力要素分别为 A^* 和 L^*，每种要素由两部分组成，A^F 和 L^F 为资源要素自家投入部分，A^H 和 L^H 为市场要素投入。此外，农民在市场上出售的资源要素为 A^M 和 L^M。假设市场完善，农民自家要素和购买的要素完全替代，不同的资源配置行为具有相同的边际生产率，此时收入取决于资源禀赋的土地和劳动力的要素价格，分别为 r 和 w，则农民收入表示为

$$y = rA + wL + \pi(w, r, p) \tag{9-1}$$

其中，$\pi(w, r, p)$是农业生产的利润率，p 是农产品的市场价格，农业生产利润率可表示为 $\pi(w, r, p) = pF(A^*, L^*) - rA^* - wL^*$。假设农业生产利润取决于要素价格，而与农民要素禀赋无关。农业生产中的要素投入为

$$\begin{aligned} L^* &= L^F + L^H \\ A^* &= A^F + A^H \end{aligned} \tag{9-2}$$

完全竞争市场上农业生产的利润 $\pi(w, r, p)$ 为零，由此得到农业净收入为

$$pF\left(A^*,L^*\right)-rA^{\mathrm{H}}-wL^{\mathrm{H}}=rA^{\mathrm{F}}+wL^{\mathrm{F}} \tag{9-3}$$

农业净收入式（9-3）加上农民市场上出售的资源要素 A^{M} 、L^{M} 的收入，则农民总收入为

$$y=rA^{\mathrm{F}}+wL^{\mathrm{F}}+rA^{\mathrm{M}}+wL^{\mathrm{M}}=rA+wL \tag{9-4}$$

因此，农民收入完全取决于自身要素资源禀赋和要素市场价格。然而，由于交易费用的存在，要素市场通常是不完善的，农民资源配置价格表现为影子价格而非市场价格。假设不完全市场中农民土地和劳动力资源配置的影子价格分别为 r^* 和 w^* ，则农民实际总收入为

$$y=r^*A+w^*L \tag{9-5}$$

当前，我国农民面临着劳动力就业市场和农地流转市场约束。将农民分为高收入和低收入两组，假设高收入农民和低收入农民在劳动力市场和土地市场面临的约束不同。高收入农民由于劳动力素质、信息、资源等优势在劳动力市场上面临较小的约束，而低收入农民较容易被排除在非农就业市场外。高收入农民较高的非农劳动力生产效率促使他们转出土地，这符合 Kung（2002）的研究结论，即非农就业是农户转出土地的重要原因。低收入农民对土地的社会保障功能依赖更强（姚洋，2000），并且自身农业和非农业劳动生产率差别不大，因此会选择兼业，土地重要的收入功能和保障功能也会限制他们转出土地。为了简化模型，假设高收入农民面临的土地和劳动力市场是完善的，要素价格完全是市场价格，则高收入农民的收入为

$$y_h=rA_h+wL_h \tag{9-6}$$

低收入农民面临要素市场的多种约束，其收入为

$$y_l=r^*A_l+w^*L_l \tag{9-7}$$

式（9-6）减去式（9-7）得到高收入农民和低收入农民的收入差距：

$$\Delta y=rA_h+wL_h-r^*A_l-w^*L_l \tag{9-8}$$

假设 $A_h=A_l+A_0$ ， $L_h=L_l+L_0$ ，其中 A_0 和 L_0 是高收入农民与低收入农民的资源禀赋差异，因此式（9-8）可以表示为

$$\Delta y=\left(r-r^*\right)A_l+\left(w-w^*\right)L_l+rA_0+wL_0 \tag{9-9}$$

由式（9-9）可知，农民收入差距可分为两部分，一部分是由资源配置效率差异导致的收入差距，另一部分是由资源禀赋导致的收入差距。由于交易费用的存在，农户资源配置的影子价格和市场价格存在差异。假设农户农地流转面临的交易费用为 c^A ，劳动力资源配置面临的交易费用为 c^L 。则农户收入差距可以表示为农地流转和劳动力配置交易费用的形式：

$$\Delta y = c^A A_l + c^L L_l + rA_0 + wL_0 \quad (9\text{-}10)$$

式（9-10）两边对 c^A 求偏导，得到 $\partial \Delta y / \partial c^A > 0$，即农户收入差距 Δy 为农地流转交易费用的增函数，农地市场交易费用增加，农户收入不平等程度增加。通过降低交易费用促进农地流转，可以减少由资源配置效率差异导致的农民收入不平等程度。

9.1.2　政府干预政策、交易费用与农户土地流转参与

根据式（9-10），弄清政府农地流转市场干预政策对农民收入不平等的影响。第一，分析政府干预政策对农地流转交易费用的影响，以及交易费用对农户参与土地流转的影响；第二，研究农地流转对农户收入差距的影响，从而间接地得到政府农地流转中介组织、农地流转补贴、行政命令等政策对农民收入不平等的影响。

1. 政府农地流转中介组织、交易费用与农户土地流转参与

按照 Coase（1960）的交易费用概念，农地流转中的交易费用可划分为流转前寻找交易对象的费用，流转双方谈判协商、签订合约的费用，以及农地流转后监督合约执行的费用。实践中，基层政府或村集体将农户土地集中起来，提高了农地流转的组织化程度，通过政府建立的土地流转平台进行交易，可以减少农户之间搜寻信息、寻找交易对象的成本。政府为规范农地流转，为流转双方提供合同签订和鉴证服务，有助于减少双方的签约成本（伍振军等，2011）。由政府和村委会对合约进行监督、管理，也会提高农地流转合约关系的稳定性和有效性，减少履约成本。因此，政府农地流转组织服务能够减少农户参与土地流转市场的交易费用，有利于农户参与土地流转。

2. 农地流转补贴、交易费用与农户土地流转参与

农地流转补贴政策是按照土地流转面积直接进行的从量补贴，但以村为单位的土地流转要达到一定规模才能得到补贴。从补贴效果看，对转入户的补贴会提高农户农业生产的边际收益，增加转入户农地经营需求；对转出户的补贴提高了土地出租收入，增强了农户土地流转意愿。因此，农地流转补贴使得原本处于流转临界点的农户愿意参与农地流转，也提高了原本愿意流转农户的意愿度，从而减少了农地流转市场的交易成本。但从另一个角度看，农地流转补贴驱动了大规模流转，也可能增加农地流转交易费用。第一，对土地转出的补贴要求单宗土地规模集中流转，由于农民土地小规模、细碎化，土地集中连片需要动员众多小农

户参与。在缺少乡镇政府和村集体的帮助下，小农户达成一致的土地流转协议面临着巨大的交易费用。第二，对转入户的补贴也要求一定规模的农地经营面积，转入户为获得补贴需要和众多小农户谈判、交易，直接增加了农地流转的交易频数。随着土地流转交易频数的增加，农地流转交易费用增加（罗必良和李尚蒲，2010）。

3. 行政命令、交易费用与农户土地流转参与

政府对乡镇政府和村集体下达的农地流转指标考核往往通过行政村推动农地流转而作用于农户。村集体强制推动农地流转违背农户意愿，扭曲自由竞争市场规律，增加市场交易费用。第一，基层政府或村集体动员某一区域农地规模集中流转，处于项目用地范围内的农户被动转出土地，农户对农地流转产生很强的抵触心理，会增加额外的谈判成本；第二，非自愿平等的农地流转参与者从订约之初就会质疑流转的合法性和正当性，降低在合约执行过程中的自觉性，因此会增加交易的履约成本。罗必良等（2012）的研究表明，村民对村委会干预农地流转给予较低的认知评价，产生的交易费用会阻碍农户参与土地流转。张兰等（2015）基于江苏省村级农地规模经营发展的研究表明，政府行政推动农地流转和规模经营的政策反而阻碍了农地规模经营的实现。尽管政府行政命令在短期内可以推动农地规模流转，但长期会阻碍市场内在机制的发育和完善，扭曲市场价格信号对要素流动配置功能的发挥，增加农地流转的交易费用，不利于农地流转市场发育。

4. 政策相互作用、交易费用与农户土地流转参与

政府会综合运用市场、补贴和行政干预等多种政策，考虑各种政策相互作用对农地流转交易费用的影响。其一，政府提供中介组织服务，提高农地流转组织化程度的同时，可能辅以行政命令方式提高农地流转组织效率，导致部分农户非自愿参与土地流转，既会增加合同签订过程中的缔约成本，还会增加农地流转后的不确定性，使得合同履行面临着较高的履约成本。其二，农地流转补贴是稀缺的资源，而村集体在很大程度上拥有这一稀缺资源的分配权利。上级政府的许多补贴要通过村一级下发到农户，村集体拥有一定的补贴对象选择权和审核权。补贴可能会导致政府以行政方式过度干预农地流转市场，行政推动农地规模化流转，增加农地流转交易费用。但是，农户也会为获得农地流转补贴，在自愿的基础上由乡镇政府或村集体组织农地流转，从而降低农地流转交易费用，实现更大范围的农户参与。

9.1.3　政府干预政策、农地流转与农户收入不平等

农地流转交易费用的降低有利于农户参与土地流转，优化资源配置效率，增加农民收入（Carter and Yao，2002；Deininger and Jin，2005）。但农地流转能否减少农民收入不平等，还有赖于农地流转对低收入农户的收入增加程度是否更高。当要素市场相对完善，资本要素对劳动力的替代较强时，土地流向资本充足且具有较高农业生产效率的高收入农户，会增加农民收入不平等程度。然而，我国农村要素市场发育缓慢，农村劳动力市场不完善，雇工面临着较高的监督成本，资本市场也面临很大的缺陷（Shi et al.，2011），从而降低了劳动力和资本对土地的替代程度。此时，农地流转具有边际产出拉平效应，土地边际产出较小的农户将土地租让给边际产出较大的农户，从而达到土地边际产出相等（姚洋，2000），这种边际产出拉平效应可以降低由农业生产效率差异导致的农民收入差距。此外，资本对劳动力的替代程度较低时，农地流转市场具有要素配置均等效应，非农就业能力较强的农户转出土地，农地流向非农就业机会少、土地禀赋差且农业劳动力丰富的低收入农户（Deininger and Jin，2005），将会减少由资源禀赋导致的收入不平等程度。农地规模经营为一些年龄较大、非农就业能力差且农业生产效率也不高的转出户提供了农业打工机会。这些农户多为低收入农户，他们除了获得农地流转租金，还能得到雇工收入，总收入水平也会增加。因此，在当前农村要素市场发育尚不完善的情况下，农地流转将会减少农民收入不平等程度。

总结以上分析，政府农地流转中介组织能够降低农户参与农地市场的交易费用，优化农户资源配置效率，增加农民（尤其是低收入农民）的收入，进而降低农民收入不平等程度；行政命令扭曲了农地流转市场，增加了自由市场的交易费用，不利于低收入农户优化资源配置，因此会加剧农民收入不平等程度；农地流转补贴对农地流转交易费用的作用是双向的，需要实证考察补贴对农民收入差距的影响。特别是补贴与行政力量的结合，不仅会导致补贴被高收入农户获得，还会扭曲流转市场，不利于低收入农户提高资源配置效率，最终加剧农民收入不平等程度。

9.2　实证检验

9.2.1　数据来源

研究数据来源于笔者所在的课题组于 2014 年和 2015 年在江苏省连云港市灌云县、淮安市金湖县、宿迁市泗洪县和扬州市宝应县的农户调研。四县均是农业

大县，处于江苏省欠发达地区。近年来，四县采取一系列政策推动农村土地流转，为研究政府干预农地流转提供了较好的案例。调研包括灌云县 7 个乡镇，金湖县和泗洪县各 5 个乡镇，宝应县 4 个乡镇，每个乡镇选择 1~3 个行政村，每个行政村随机选择 20~40 个农户进行调研。实地调研收集到 42 个村级数据，1 221 份农户有效样本数据。村级调研内容包括本村土地流转和规模经营情况，农业生产和劳动力转移情况，本村要素市场发育情况，尤其关注本村土地流转相关政策，包括政府组织农地流转情况、村内农户补贴情况等；农户调研内容包括农户家庭基本特征、劳动力就业、农业生产、农民收入和农地流转情况。为了从农户层次上区分政府干预的三种政策，即政府农地流转中介组织、农地流转补贴和行政命令，在农户问题中设计了三个问题。第一个问题是“谁组织的土地流转”，选项包括“1=上级政府；2=村集体；3=个人协商”，一般认为选择 1、2 选项的由政府代理农户组织土地流转；第二个问题是“政府对你家流转土地有无补贴？”；第三个问题是“你们家进行土地转出的原因是什么？（多选）”，选项包括“1=劳动力不足；2=种地收益低；3=土地流转收益可观；4=被劝说流转；5=亲朋邻居影响；6=已经外出务工；7=其他”，我们认为选择选项 4 的农户是在一定程度上受到政府或村级行政强制的农户。这一选项只适用于转出户，因为在土地市场中政府对转出户的直接干预较强。

9.2.2　描述性证据

1. 政府农地流转中介组织对农户收入不平等的影响

根据政府组织农地流转的强度将样本村庄和农户都分成两组①，首先比较两组农户收入的基尼系数，然后对比分析两组农户洛伦兹曲线。

1）政府农地流转中介组织对农户收入基尼系数的影响

表 9-1 是不同政府组织农地流转强度下样本农户收入的基尼系数及其分解结果。参考 Lerman 和 Yitzhaki（1985）的分解方法，将总收入基尼系数分解成不同来源收入的贡献。Lerman 和 Yitzhaki 建立的分解表达式为

$$G = \sum_{K=1}^{K} R_K G_K S_K \tag{9-11}$$

① 划分标准是政府组织土地转出户的比例或政府组织土地转入面积的比例在 50%及以上和 50%以下的村庄和农户。之所以未考虑政府组织土地转入户的比例，是因为政府干预下土地流转规模较大而农户数较少，土地转入户数不能代表政府组织强度。通过对政府组织土地转入面积比例和土地转入总面积比例相关性分析，两者相关系数达 0.773 3，而政府组织土地转入户比例与土地转入户比例、土地转入面积比例的相关系数均为负值，可见政府组织土地转入户比例这一变量并不能很好地反映政府组织土地市场的强度。

其中，S_K 是收入来源 y_K 占总收入 y 的比重，G_K 是收入来源 y_K 的基尼系数，R_K 是 y_K 和 y 分布的基尼系数相关性。$R_K G_K S_K$（Share）是收入来源 K 对整体收入不平等的贡献。将每种收入来源对总体收入不平等加总，即可得到总体收入不平等程度。这种基尼系数分解方法可以得到不同来源收入水平的变化对总体收入不平等变化的边际影响，即表 9-1 中最后一栏的统计结果。从表 9-1 中可以看出，人均非农业收入对农户的收入不平等贡献度超过 70%，是农户收入不平等的最主要来源。其次是人均土地收入①对农户收入不平等的贡献度，贡献份额为 27%~ 28%（Share）。政府组织农地流转降低了农户非农业收入不平等程度，增加了农户间土地收入差距。对于以政府组织农地流转为主的农户，人均非农业收入比重增加 1%，总体收入不平等程度降低 0.33%。人均土地收入比重提高 1%，总体收入不平等程度增加 2.25%。对于以非政府组织农地流转为主的农户，人均非农业收入和人均土地收入对总体收入不平等的边际贡献相反。整体而言，政府农地流转中介组织使得农户基尼系数降低了 1.35 个百分点（0.435 2−0.421 7）。

表 9-1　按照不同收入来源的人均收入基尼系数分解

变量	S_K	G_K	R_K	Share	Change
样本总体（*N*=1 221）					
人均纯收入基尼系数	0.426 4				
人均非农业收入	0.718 9	0.495 5	0.872 1	0.728 5	0.009 6
人均土地收入	0.269 7	0.676 0	0.641 7	0.274 4	0.004 6
人均其他收入	0.011 7	0.963 7	0.004 4	0.000 1	−0.011 5
政府农地流转中介组织程度较强的农户样本（*N*=807）					
人均纯收入基尼系数	0.421 7				
人均非农业收入	0.735 7	0.479 7	0.875 1	0.732 3	−0.003 3
人均土地收入	0.248 5	0.699 8	0.657 1	0.270 9	0.022 5
人均其他收入	0.016 5	0.952 3	0.017 2	0.000 6	−0.015 9
政府农地流转中介组织程度较弱的农户样本（*N*=414）					
人均纯收入基尼系数	0.435 2				
人均非农业收入	0.685 4	0.525 8	0.867 1	0.718 0	0.032 7
人均土地收入	0.312 4	0.625 1	0.634 3	0.284 6	−0.027 8
人均其他收入	0.001 9	0.981 3	−0.338 3	−0.001 5	−0.003 4

注：①人均纯收入=人均非农业收入+人均土地收入+人均其他收入；②人均非农业收入指农户家庭劳动力从事非农务工、农业雇工、做小生意等收入的加总；③人均土地收入是指农户土地要素报酬收入，包括农业收入、土地租金收入（对于转出户）和与土地挂钩的农业补贴收入；④人均其他收入包括家庭养老金、低收入家庭补贴等转移性收入

① 土地收入是指农户土地要素报酬收入，包括农业收入、土地租金收入（对于转出户），以及与土地挂钩的农业补贴收入。

2）政府农地流转中介组织对农户收入份额的影响

表 9-2 是不同政府农地流转中介组织强度下农户收入的洛伦兹曲线，反映高、低收入组别农户的收入份额变化①。从表 9-2 中可以看出，以政府农地流转中介组织程度较弱的农户组别为参照，由于政府中介组织的加强，第 1 组到第 5 组低收入组（除第 4 组，主要原因是政府组织下第 4 组农户农业收入份额下降较多，获得的补贴额较少）农户收入在总收入中的份额显著提高，平均增加 0.29%。政府农地流转中介组织加强后会降低第 6 到第 10 组高收入组（除去第 9 组，主要原因是第 9 组农户非农业收入增加）农户的收入份额。非农业收入的洛伦兹曲线中，前 10%的人口份额没有非农业收入，所以收入份额为零。相对于政府农地流转中介组织程度较弱的农户组别，政府农地流转中介组织较强的低收入组农户收入份额占比相对较高，前 5 组人均非农业收入份额平均高出 0.58%，高收入组第 8 组和第 10 组的农户收入份额相应较低，可见政府组织农地流转明显提高了低收入农民非农业收入，原因是政府组织下大量农民转出土地，劳动力转移到非农业领域。这也验证了前面的假设，即土地市场失灵时，低收入农民在非农就业市场面临较强的约束，农地流转更有利于低收入农民劳动力资源优化配置。从人均土地收入洛伦兹曲线可以发现，前 9 组农民收入份额并没有因为政府农地流转中介组织而增加，而第 10 组收入份额却增加了 8.57 个百分点。考察土地高收入组农户的种植类型和流转面积，发现 94 个土地高收入农户中 21.3%的农户种植经济作物，23.4%的农户农地流转面积在 150 亩以上。这意味着农户种植传统的粮食作物和适度的规模经营并不会增加农民收入不平等程度。

表 9-2 政府农地流转中介组织对农户收入份额的影响

农户分组	人均纯收入			人均非农业收入			人均土地收入		
	A 份额	B 份额	差额	A 份额	B 份额	差额	A 份额	B 份额	差额
第 1 组	1.41%	1.05%	0.36%	0.00	0.00	0.00	0.37%	0.46%	−0.09%
第 2 组	3.42%	2.81%	0.61%	2.17%	0.53%	1.64%	1.15%	1.32%	−0.17%
第 3 组	4.70%	4.51%	0.19%	4.25%	3.48%	0.76%	1.985%	1.986%	−0.001%
第 4 组	5.99%	6.08%	−0.09%	5.97%	5.54%	0.44%	2.63%	2.80%	−0.17%
第 5 组	7.58%	7.19%	0.38%	7.62%	7.56%	0.06%	3.66%	4.02%	−0.36%
第 6 组	9.01%	9.18%	−0.17%	9.39%	8.95%	0.45%	4.69%	5.60%	−0.90%
第 7 组	10.78%	10.88%	−0.09%	11.42%	11.40%	0.01%	5.94%	7.49%	−1.55%
第 8 组	12.83%	13.08%	−0.25%	13.61%	14.86%	−1.25%	8.01%	10.67%	−2.66%
第 9 组	15.86%	15.67%	0.19%	17.28%	17.18%	0.10%	13.19%	14.55%	−1.36%
第 10 组	28.43%	29.55%	−1.12%	28.30%	30.50%	−2.20%	59.68%	51.11%	8.57%

注：A代表政府农地流转中介组织程度较强农户，B代表政府农地流转中介组织程度较弱农户

① 本书中，洛伦兹曲线横轴表示村庄人口（按收入由低到高分组）的累积百分比，纵轴表示农户收入的累积百分比，按照收入高低将农户划分为十组，其中，第1组到第5组被界定为低收入组，第6到第10组界定为高收入组。

2. 政府农地流转补贴及行政命令对农民收入不平等的影响

表 9-3 将所有农户样本按照人均纯收入分为十组，分别统计不同收入分组下农户获得补贴情况及土地转出户面临的行政命令干预强度。可以看出，调研样本共有 146 个农户获得农地流转补贴，其中，56.16%的高收入农户获得农地流转补贴，而只有 43.84%的低收入农户获得补贴。因此，高收入农户更容易获得政府农地流转补贴。可能的原因是，对于转入户，低收入农户因为资金和信贷约束无力流转大规模土地，难以获得流转补贴；而对于转出户，高收入农户土地规模集中流转的概率更高，获得补贴的概率也较大。此外，高收入农户可能左右行政力量干预农地流转获得补贴。因此，农地流转补贴的分布会导致农民收入不平等。

表 9-3　农地流转补贴及行政干预强度在不同收入群体中的分配

农户分组	获得补贴农户数/户	获得补贴农户比例	被动参与土地转出农户数/户	被动参与土地转出农户比例
第 1 组	16	10.96%	25	8.59%
第 2 组	12	8.22%	34	11.68%
第 3 组	16	10.96%	36	12.37%
第 4 组	10	6.85%	36	12.37%
第 5 组	10	6.85%	27	9.28%
低收入组累计	64	43.84%	158	54.29%
第 6 组	12	8.22%	32	11.00%
第 7 组	10	6.85%	32	11.00%
第 8 组	15	10.27%	21	7.22%
第 9 组	18	12.33%	25	8.59%
第 10 组	27	18.49%	23	7.90%
高收入组累计	82	56.16%	133	45.71%
总计	146	100%	291	100%

以农户被动参与土地转出情况表征政府行政命令干预强度，如表 9-3 所示，被动参与土地转出的农户中 54.29%分布在低收入组，说明政府在推动某一区域农地大规模流转过程中，低收入转出户面临着更强的行政强制。农户参与土地转出决策本应是在土地租金收入高于农户放弃土地经营权的机会成本时做出的。然而，低收入农户的土地租金期望值更高，政府行政推动农地流转过程中并不会区别对待低收入农户的租金诉求，对于不愿意参与土地流转的农户，会采取动员、劝说等行政方式强制农户转出土地。农地流转不符合其家庭资源配置收入最大化目标，农户收入反而会降低。因此，农地流转行政命令干预政策会加剧农户收入

不平等程度。

9.2.3 计量检验

1. 变量选择与模型构建

为检验政府干预土地市场对农村内部收入分配差距的影响，构建以下模型：

$$\text{Gini} = \alpha \text{FI} + \beta \text{FP} + \gamma M + \delta \text{GI} + \mu D + \varepsilon \tag{9-12}$$

（1）因变量Gini表示村庄内农户人均收入的基尼系数，包括人均纯收入、人均非农业收入和人均土地收入三类收入的差距。

（2）控制变量：农户收入最终都可以归结为农民所拥有的土地、劳动力和资本三种生产要素禀赋及其要素价格。因此，影响收入分配的因素可分为三个部分，第一部分是要素禀赋，第二部分是要素价格，第三部分是影响农地流转交易费用的相关变量。

第一，FI 为土地、劳动力和资本三种要素的不平等程度，以反映村庄农户资源禀赋差异，也可以表现为收入结构在村庄内部的异质性（Shen and Yao，2008；郭云南等，2014）。分别用农户人均承包地面积基尼系数、人均劳动力基尼系数和人均资本基尼系数表示。

第二，FP 为要素价格。农户资源配置效率越高，要素价格越能反映真实的市场价格。因此，考虑从资源配置的角度选择要素价格的代理变量。在完全市场条件下，农业和非农业领域劳动力的边际报酬相等，土地流转价格等于农业边际生产价值，此时资源配置达到最优状态（Benjamin and Brandt，1997）。因此，选择农业和非农业的劳动力工资比表征劳动力资源配置，由村级农业雇工价格除以非农就业工资得到，选择土地租金占比表征土地资源配置效率，由村级平均土地租金水平除以土地净产值得到。

第三，M、GI 和 D 是影响农地流转交易费用的相关变量。M 是村级劳动力转移比例。村级劳动力非农业转移程度是影响村庄土地市场发育的重要因素，村庄劳动力非农就业比例越高，农户转出土地的动机越大，难以转移的农业劳动力转入土地的概率越大。因此，村级劳动力转移比例会降低农户收入不平等程度。

GI 是政府干预土地市场相关变量，包括政府土地转出中介组织，政府土地转入中介组织，农地流转补贴和行政命令。政府土地转出和转入中介组织变量反映政府农地流转组织服务对农户收入不平等的影响，政府农地流转组织化程度越高，农户土地流转面临的交易费用越小，资源配置效率越高。本章也尝试从村委会是否提供农地流转信息等变量中寻找农地流转中介组织变量，发现这一变量并不能很好代表政府农地流转中介组织，原因是调研地区均在上级政府要求下建立了村级土地流转信息员，但是信息员作用的发挥主要与基层乡镇政府对农地流转和规模经营的重视程度有关，因此，本章选择政府土地转出中介组织和土地转入中介组织这两个衡量农地流转组织化程度的变量反映政府中介组织服务。农地流转补贴变量用来度量政府农地流转补贴政策对农民收入不平等的影响。尽管补贴对象包含转入户和转出户，但对任何一方的补贴都会增加市场交易费用，所以这一变量以村庄内是否有农户流转土地获得补贴来度量。关于行政命令的量化，由于调研各县均有农地流转和规模经营的指标考核，难以从县级层次区分政府行政命令推动农地流转的强弱。但是，尽管调研中发现各地都强调农地流转要遵循农民“自愿”原则，但在镇村集体干预农地流转的实践中，普遍存在农户被迫参与农地流转的现象。因此，本章选择村级层次被动参与土地转出的农户比例量化这一变量。行政命令是对自由市场和农民资源配置的扭曲，因此预期会增加农村收入不平等程度。

D 是地区虚拟变量，宝应县调研村庄赋值为 1，其他三县的村庄赋值为 0。宝应县、灌云县、金湖县和泗洪县的经济发展水平、收入来源构成和国家农业扶持政策等都存在很大差异，地区虚拟变量用来控制这些因素对农户收入不平等的影响。α，β，γ，δ，μ 是待估计参数，ε 是误差项。模型相关变量描述性统计见表 9-4。

表 9-4　变量描述性统计

变量		定义	平均值	标准差
因变量	纯收入不平等	人均纯收入基尼系数	0.426 4	0.081 2
	非农业收入不平等	人均非农业收入基尼系数	0.506 8	0.123 1
	土地收入不平等	人均土地收入基尼系数	0.570 6	0.174 0
资源禀赋变量	土地不平等	人均土地基尼系数	0.299 4	0.053 2
	劳动力不平等	人均劳动力基尼系数	0.220 2	0.049 0
	资本不平等	人均资产基尼系数	0.436 1	0.087 8
要素价格变量	劳动力工资比	村级农业雇工价格（元/天）/非农就业工资	0.976 1	0.321 0
	土地租金占比	村级平均土地租金（元/亩）/平均土地净产出	0.431 5	0.180 2
影响交易费用变量	劳动力转移比例	村级县外务工 6 个月以上劳动数/劳动力总数	0.251 2	0.095 5
	政府土地转出中介组织	调研政府组织转出户/农户总数	0.403 8	0.333 2
	政府土地转入中介组织	调研政府组织土地转入面积/总经营面积	0.386 6	0.329 8
	农地流转补贴	村庄内是否有农户获得补贴（1=是；0=否）	0.261 9	0.445 0
	行政命令	调研村庄被劝说转出户数/农户总数	0.292 6	0.285 4
地区变量	地区虚拟变量	1=宝应县；0=灌云县、金湖县、泗洪县	0.166 6	0.377 1

2. 模型内生性问题

直接将政府农地流转干预政策引入农民收入不平等模型，可能面临反向因果关系和遗漏变量导致的内生性问题。反向因果关系是指农村内部收入差距会影响政府干预对农地流转的干预程度和政策选择，从而会高估或低估干预政策对收入差距的作用；遗漏变量是指同时存在影响政府干预政策和收入不平等的变量，由于未能控制这些不可观测变量可能导致模型的内生性偏差。由于政府农地流转中介组织和行政命令的目的主要是实现农地规模经营，基层乡镇政府和村两委干部在执行农地流转政策时的决策主要与其对农地流转和规模经营的认知和重视程度相关，并非基于农村内部收入不平等程度做出决策。此外，补贴和农地流转规模挂钩，较为发达的村庄非农就业活动较为活跃，农民整体收入水平更高，土地规模集中流转的可能性较大，获得政府规模流转补贴的概率也较大。由于本章研究村庄层次补贴对农民收入差距的影响而不是其与农民个体的收入关系，而村庄内农民收入差距并不会影响农户获得补贴。因此，可以认为模型中不存在反向因果关系导致的内生性问题。然而，现实中乡镇政府和村干部可能基于扶持落后村庄经济发展和村庄内部扶贫的考虑积极地干预农地流转，游说上级政府获得补贴，因此影响村庄农地流转政府干预政策的相关变量也会影响村庄收入不平等水平，存在遗漏变量导致的模型内生性问题。由于遗漏变量主要与乡村干部的个人特征和游说能力有关，限于调研的局限性无法控制这些变量，未能解决潜在的遗漏变量导致的模型内生性问题。

3. 模型估计结果

1）政府干预土地市场对农户人均纯收入不平等的影响

首先考察政府干预土地市场对农户人均纯收入不平等的影响，估计结果见表9-5，表 9-5 第（2）列给出了仅包含政府干预变量的模型估计结果，是为了降低因数据量较少而控制变量过多导致的自由度损失，结果表明模型估计结果较为稳健。这里只分析第（1）列的估计结果。结果显示，政府土地转出中介组织变量显著为负，说明政府组织土地转出服务可以减少村庄内部收入分配差距。政府土地转入中介组织变量系数并不显著，因此对于总体收入，政府组织下的土地规模经营并未导致农户收入差距。农地流转补贴变量显著为正，说明政府补贴变量导致农村内部收入分配差距。相对于未获得政府补贴的村庄，获得补贴的村庄人均纯收入基尼系数上升了 0.064 7。行政命令变量系数显著为正，说明政府以行政手段迫使农户转出土地会导致农民收入差距。从政府土地转出中介组织、农地流转补贴和行政命令三种政策对农户人均纯收入基尼系数边际影响程度来看，政府土地转出中介组织对农民收入不平等减少幅度最大，政府组织土地转出率增加

10%，农民收入差距降低 1.13%。农地流转补贴、行政命令两个变量会增加农民收入不平等程度，但增加幅度相对较小。

表 9-5　政府干预土地市场对农户收入不平等的影响

解释变量	人均纯收入基尼系数 OLS	人均纯收入基尼系数稳健性	人均非农业收入基尼系数 OLS	人均非农业收入基尼系数稳健性	人均土地收入基尼系数 OLS	人均土地收入基尼系数稳健性
	（1）	（2）	（3）	（4）	（5）	（6）
政府土地转出中介组织	−0.113** （0.047 7）	−0.108*** （0.039 5）	−0.055 2 （0.059 9）	−0.024 0 （0.058 9）	−0.088 8 （0.074 0）	−0.083 3 （0.051 8）
政府土地转入中介组织	0.062 4 （0.040 5）	0.028 9 （0.036 2）	0.001 39 （0.050 9）	−0.065 8 （0.054 1）	0.347*** （0.062 8）	0.373*** （0.049 5）
农地流转补贴	0.064 7** （0.026 7）	0.049 2* （0.027 8）	0.063 4* （0.033 6）	0.057 4* （0.030 4）	0.033 9 （0.041 5）	0.000 412 （0.038 0）
行政命令	0.090 1* （0.048 9）	0.051 7* （−0.029 1）	−0.103 （0.061 5）	−0.166** （0.066 7）	0.219*** （0.075 9）	0.200*** （0.061 0）
土地不平等	0.170 （0.231）		0.132 （0.290）		0.161 （0.358）	
劳动力不平等	0.390 （0.271）		0.633* （0.341）		0.003 30 （0.421）	
资本不平等	0.023 7 （0.124）		0.009 07 （0.156）		0.052 6 （0.193）	
劳动力工资比	−0.014 2 （0.046 4）		−0.068 3 （0.058 3）		−0.046 1 （0.072 0）	
土地租金占比	−0.188* （0.094 0）		−0.274** （0.118）		−0.236 （0.146）	
劳动力转移比例	−0.318** （0.140）		−0.422** （0.177）		−0.284 （0.218）	
地区虚拟变量	−0.098 9*** （0.034 3）		−0.201*** （0.043 1）		0.013 5 （0.053 2）	
常数项	0.404*** （0.122）	0.390*** （0.025 0）	0.675*** （0.154）	0.575*** （0.037 3）	0.534*** （0.190）	0.442*** （0.034 1）
样本量	42	42	42	42	42	42
R^2	0.525	0.212	0.673	0.235	0.751	0.679

***表示p<0.01，**表示p<0.05，*表示p<0.1

注：括号内为标准差；（1）、（3）和（5）中各变量VIF统计值均小于4，且VIF平均值为1.89，说明变量之间不存在多重共线性；（1）、（3）和（5）估计结果显著性检验统计量分别为F（11，30）=3.02，F（11，30）=5.62，F（11，30）=8.21，模型总体显著性水平较好

其他变量估计结果表明，要素资源禀赋并未显著带来农户收入分配差距。要素价格影响因素中，土地租金占比、劳动力转移比例均能够减少农村收入差距，说明农村土地流转价格显化及非农就业市场的完善更有利于提高低收入农户的资源配置效率。地区虚拟变量显著为负，表明宝应县的农民收入分配相对于灌云县、金湖县和泗洪县更加平均。

2）政府干预土地市场对农户人均非农业收入和人均土地收入不平等的影响

表 9-5 第（3）~（6）列是政府干预土地市场对农户人均非农业收入和人均土地收入不平等的估计结果。其中，第（4）列和第（6）列是仅包含政府干预变量的模型估计结果，结果表明模型估计较为稳健。本章以第（3）和第（5）列的估计结果为分析对象。从第（3）列非农业收入不平等估计结果可以发现一个有趣的现象，即农地流转补贴增加了非农业收入差距。得到补贴的 146 个农户中有 75%的农户是转出户，所以由补贴引致的农户土地转出会因为不同类型农户非农就业能力的差异导致农户非农业收入不平等程度增加。此外，农地流转补贴更容易被高收入农户获得，如表 9-3 所示的描述性证据。除政府干预变量，农村内部劳动力资源禀赋会增加人均非农业收入分配差距，土地租金占比和劳动力转移比例均降低农户人均非农业收入差距。

从表 9-5 第（5）列人均土地收入不平等模型估计结果可以看出，政府土地转入中介组织变量在 0.01 的统计水平上显著为正，说明政府组织下的土地集聚会导致农户土地收入差距。农地流转补贴变量并未对农户人均土地收入分配造成影响，可能的原因是政府补贴多是一次性的，而本章基尼系数是基于 2013 年农户收入的计算，土地流转时间较早的农户补贴收入并不包括在内。值得关注的是，行政命令显著增加了农户人均土地收入不平等程度，说明强制部分农户转出土地更加不利于低收入农户增收。低收入农户对土地收入的依赖较强，政府干预土地流转市场，低收入纯农户不仅失去了低价转入土地的机会，还会被迫转出土地，由此丧失了劳动力农业生产的比较优势，更加不利于其土地收入的增加。尽管 Deininger 和 Jin（2005）、Jin 和 Deininger（2009）、史清华和贾生华（2003）的研究均表明有效的土地市场环境下农户资源配置更加公平，土地由高收入农户流向低收入农户，然而，行政干预下，土地规模集中潜在的外部利润更容易与资本相结合，导致土地流向更加富有的大农户手中，加剧了农户土地收入不平等程度。由于调研地区集中在江苏北部和中部地区，村庄土地资源禀赋并未表现出很大差异，土地要素禀赋差异对农户土地收入差距未有显著影响。

3）不同政策干预变量交互作用对农户收入不平等的影响

政府土地流转市场干预政策通常是一揽子的组合，政府会综合运用经济、行政等干预手段。模型中 4 个政策干预变量之间相互交叉，共生成 6 个政策交互项。政府对土地转入市场和转出市场的干预都属于政府土地流转组织服务，且同一地区内土地供需市场的变化具有同步性，所以研究不考虑政府土地转入和转出中介组织的交互作用。本章更关注行政命令、农地流转补贴等政府直接干预变量之间的交互作用，以及它们与土地流转组织服务间接干预变量之间的交互作用，最终生成 5 个政策交互项。由于村级调研样本量的局限，在同一计量模型中同时引入多种政策交互变量会降低模型估计结果的有效性和准确性，在一个计量模型中只引入一个政策交互项，共得到 5 个模型的估计结果。如表 9-6 所示，模型（1）和（3）中的政策交互项显著。模型（1）中行政命令、农地流转补贴和行政命令交互项、农地流转补贴变量系数的估计结果分别为 0.078 9（显著）、0.453（显著）、−0.056 2（不显著），表明农地流转补贴增强了行政命令对农户收入不平等的增加程度①。由于补贴的存在，权利攫取补贴的动机使得高收入农户更容易获得补贴，而低收入农民面临较强的行政干预（表 9-3 的统计分析也验证了这一点）。模型（3）中政府土地转出中介组织、农地流转补贴和政府土地转出中介组织交互项及农地流转补贴变量系数的估计结果分别为−0.147（显著）、0.188（显著）、−0.030 9（不显著），表明农地流转补贴政策降低了政府组织土地转出对收入不平等的减少程度。进一步说明了农地流转补贴在高、低收入农户中分配的不均等，进一步加剧了农户收入不平等程度。通过政策交互分析发现，农地流转补贴对农户收入不平等具有直接作用和间接作用，直接作用是由补贴的收入分配不均带来的，间接作用是补贴强化了行政干预对不平等的增加程度，弱化了政府组织土地转出对收入不平等的降低程度。

表 9-6　不同政策干预变量交互作用对农民收入不平等的影响

变量	人均纯收入基尼系数 OLS				
	（1）	（2）	（3）	（4）	（5）
政府土地转出中介组织	−0.133*** (0.044 1)	−0.116** (0.048 5)	−0.147*** (0.046 9)	−0.087 7 (0.066 4)	−0.117** (0.048 3)
政府土地转入中介组织	0.040 6 (0.037 7)	0.049 6 (0.045 5)	0.037 8 (0.039 3)	0.056 0 (0.042 6)	0.099 4 (0.063 2)
农地流转补贴	−0.056 2 (0.051 2)	0.045 4 (0.040 4)	−0.030 9 (0.048 2)	0.061 1** (0.027 8)	0.068 1** (0.027 3)
行政命令	0.078 9* (0.044 7)	0.097 4* (0.050 7)	0.089 3* (0.045 7)	0.104* (0.055 4)	0.136* (0.077 0)
农地流转补贴 × 行政命令	0.453** (0.169)				
农地流转补贴 × 政府土地转入中介组织		0.049 8 (0.077 8)			
农地流转补贴 × 政府土地转出中介组织			0.188** (0.081 0)		
行政命令 × 政府土地转出中介组织				−0.079 9 (0.146)	

① 以一个简单的数学模型说明交互项的作用。假设农户收入不平等方程为 $y=\alpha x_1+\beta x_2+\gamma x_1x_2$，$x_1$ 和 x_2 分别为影响收入不平等的两个政策因素，考虑政策 x_2 与 x_1 的交互作用，方程两边对 x_1 求偏导，右边为 $\alpha+\gamma x_2$，即 x_1 对 y 的作用由两部分组成，一部分是系数 α，另一部分是 γx_2。当政策 x_2 存在（为正），且政策交互变量 x_1x_2 的系数 γ 为正时，γx_2 为正，此时政策 x_2 强化了 x_1 对 y 的作用；如果 γ 为负，则政策 x_2 弱化了 x_1 对 y 的作用。交互项作用成立的条件是变量 x_1x_2 的估计系数必须显著，x_1 或 x_2 其中一个变量的估计系数显著。

续表

变量	人均纯收入基尼系数 OLS				
	(1)	(2)	(3)	(4)	(5)
行政命令 × 政府土地转入中介组织					−0.123 (0.160)
常数项	0.392*** (0.111)	0.380*** (0.129)	0.418*** (0.114)	0.400*** (0.124)	0.402*** (0.123)
样本量	42	42	42	42	42
R^2	0.620	0.532	0.599	0.530	0.535

***表示$p<0.01$，**表示$p<0.05$，*表示$p<0.1$

注：括号内为标准差。由于篇幅限制，研究只汇报了政策变量及其交互项的估计结果

9.3 结论与政策建议

9.3.1 结论

政府干预土地流转市场作为推动农村土地流转，促进农地规模经营的重要手段，必然会对农户资源配置效率和收入分配产生巨大影响。关注农地流转政策对农民的收入分配效应，对保护农村低收入弱势群体的利益，优化农地流转市场的政府干预措施具有理论和现实意义。本章在理论分析的基础上，采用江苏省四县的农村调研数据，实证考察了政府干预农地流转市场对农民收入不平等的影响。主要结论如下：①政府干预农地流转市场对农户不同要素来源收入的影响方向存在差异，政府干预农地流转市场明显增加了农民在土地收入上的不平等程度，但减少了农民在非农业收入上的差距。②政府不同干预措施对农村内部收入差距的作用方向不同。政府土地流转中介组织服务减少了农户参与土地流转的交易费用，有助于缩小农民收入差距，而行政命令和农地流转补贴增加了农民收入不平等。农地流转补贴对农民收入不平等的作用不仅表现在直接的分配不公平上，还体现在农地流转补贴间接强化了行政命令对农民收入不平等的加剧程度上，弱化了政府组织土地转出对农民收入不平等的减少效应。③从整体而言，政府干预农地流转市场在一定程度上缓解了农村内部收入不平等程度。政府农地流转中介组织提高了农地流转的组织化水平，降低了农民参与土地流转的交易费用，大幅度提高了低收入农民的资源配置效率，整体上缩小了农民间收入差距。

首先，本章研究主要以调研农户和村庄为研究对象，研究范围局限在江苏省苏北和苏中地区，样本农户具有一定的区域特征，很难完全代表江苏省和全国情况。其次，村级样本量的局限可能会对估计结果的有效性产生影响。模型可能存

在遗漏变量产生的内生性问题，而由于调研的限制未能解决这一问题，也会对估计结果产生影响。最后，限于篇幅，本章对政府干预政策对农户资源配置效率的影响仅做了理论分析，而未进行实证检验。下一步的研究计划是重点考察政府土地市场干预政策对农户资源配置效率及收入变化的影响，全面评价政府干预的绩效，为完善政府干预政策提供更多的理论和实证依据。

9.3.2 政策建议

市场失灵是政府干预市场的重要原因，然而政府干预的高成本、决策偏差、主观性、寻租等又会导致政府失效（王俊豪，1994）。因此，合理界定政府的经济角色，对市场进行选择性的干预，并严格规范政府干预行为，才能恰当地处理政府与市场的关系。从优化农民收入分配的视角考察政府干预土地市场政策的有效性，有如下政策建议。

（1）完善农地流转市场建设，丰富土地规模化流转组织形式。农地流转市场交易平台缺失、信息不充分、管理不规范使得农民参与土地流转面临着高交易费用，不利于农民资源要素优化配置。政府主导建立全县乃至全省范围内信息共享的农地流转交易平台，完善农地流转信息提供、交易竞价、合同管理等服务，可以解决市场交易的信息不对称问题，规范农地市场交易，降低农地流转市场交易费用。创新土地规模化流转组织形式，以村集体经济组织、股份合作社等为中介提高农民土地流转组织化程度，降低因土地细碎化、分散化导致的农地规模流转交易费用。

（2）避免以行政命令方式直接干预农地流转，尊重农民土地流转意愿。上级政府对基层乡村集体下达农地流转和规模经营指标任务，导致乡村集体片面追求流转速度，强制农民转出土地，剥夺农民种地的选择权，扭曲自由市场机制功能，不利于农村稀缺的土地资源在弱势农民群体中的配置，从而导致农民收入差距加大。因此，应当避免以行政命令的方式对土地市场进行直接干预。在土地大规模流转中，通过法律法规理顺政府、村集体与农民之间的关系，尊重农民在土地规模化流转中的主体地位，严格执行农民“自愿”原则。

（3）减少与农地流转和规模经营直接挂钩的财政补贴，增加与土地生产力和农民生产经营能力相关的补贴和财政扶持。与农地流转挂钩的补贴大大提高了农地流转速度和规模经营比率，然而，这种补贴容易与行政命令结合从而扭曲土地市场，恶化农民收入分配关系。因此，应当取消扭曲农地流转市场信号的直接补贴，增加对农地基础设施建设、农业生产社会化服务体系建设、农村信贷服务体系建设与更有利于低收入农民的农业生产技术培训和非农就业技能培训的补贴。通过提高土地和农民生产能力，增强土地规模经营需求，促进农村劳动力非农转移，增强土地市场供给，在实现农地流转和规模经营的同时，提高低收入农民资源配置效率，缩小农村收入差距。

9.4 本章小结

政府干预农地流转市场对农民收入分配的影响直接衡量了政府政策的公平性。本章将政府农地流转市场干预政策划分为政府农地流转中介组织、农地流转补贴、行政命令三种类型，在理论分析的基础上，以江苏省四县的村级和农户调研为例，实证考察了政府不同干预政策对农民收入不平等的影响。结果发现，政府不同市场干预政策对农民收入不平等的影响存在差异，政府农地流转中介组织缩小了农民收入差距，而与农地流转规模直接挂钩的补贴和以强制为特征的行政命令会加剧农民收入差距；政府干预农地流转对农民要素收入不平等的影响方向不同，政府干预增加了来自土地要素收入的不平等程度，但降低了农民来自非农劳动力收入的不平等程度。总体而言，政府干预农地市场在一定程度上缓解了农村内部收入差距。从优化农村内部收入分配关系的角度，本章建议政府农地流转市场干预政策应当以中介组织服务为主，提高农地流转的组织化程度；避免以行政方式直接推动农地流转，尊重农民土地流转意愿；对农地流转规模的直接补贴转变为对农地和农民生产技能培训及非农就业技能培训的补贴，减少直接补贴对土地市场和农民收入分配关系的扭曲。

第 10 章　农地流转政策执行偏差与农民土地权益保护

有学者研究发现，政府干预农地流转引发了一系列农民土地权益保护的问题，如存在基层政府强制推动农地流转，农民被动参与现象（陆道平和钟伟军，2012；王景新和刘福海，2007），基层政府或村委会农地流转负责人存在腐败、寻租等行为（王景新和刘福海，2007；徐旭，2009）。尽管国家强调农地流转要遵循“平等协商、依法、自愿、有偿”的原则，但为何部分地区农地流转中农民土地权益始终无法得到完全保护，农民土地权益受损的根源何在？这一问题值得学者思考。

现有文献从农地产权不完善而无法对农民土地权益有效保护（杜明义和赵曦，2009），政府干预农地流转的越位、缺位、错位等政府失灵现象（董国礼等，2009；胡亦琴，2008）的角度对农地流转中农民土地权益受损的原因进行了解释。然而，现有文献无法回答为何在农地“三权分置”改革下农地承包权和经营权已经相对清晰独立的情况下农民土地权益仍然无法得到有效保护，也无法解释为何地方政府农地流转的实施与国家农民土地权益保护的要求存在偏离。产权不仅是一组权利的界定，还是一束权利的实践过程（田先红和陈玲，2013）。从社会学和政治学的视角来看，即使产权清晰，也未必能够保护产权主体的利益。由于农民产权实施过程直接受到政府干预政策的影响，本章试图从公共政策的角度分析农地流转中农民土地权益受损问题，并提出保护农民土地权益的针对性建议。公共政策过程包括问题识别、政策形成、政策合法化、政策执行、政策评估等环节（Dye，1992），美国学者艾利森认为：“在实现政策目标的过程中，方案确定的功能只占 10%，其余的 90%取决于有效的政策执行”（陈振明，2003）。因此，本章重点关注农地流转政策执行偏差导致的农民土地权益受损问题。农地流转中的政策执行主体包括基层乡镇政府和具有“准行政机关”属性的村委会。基层乡镇政府是典型的街头官僚，村委会虽然不在行政体制内，却是政府职能在农村的延伸，其政策执行的空间维度、自由裁量权等与街头官僚极为相似。因此，本章从政策执行主体的街头官僚视角对江苏省 S 县的土地流转进行实证分析，研究农地流转中农民土地权益受损和保护问题。目的是探讨农地流转的政策执行偏差与农民土地权益受损的原因，为矫正农地流转政策执行偏差，保护农民土地权益提供理论和经验依据。

10.1 基层乡镇政府和村委会农地流转任务

S 县位于江苏省苏北地区，是典型的农业大县。S 县于 2011 年出台《关于加快农村土地集中推进适度规模经营的实施意见》，将土地流转和规模经营任务列入基层政府和村委会年度目标考核，提出到 2015 年全县农村土地连片 300 亩以上，适度规模经营面积达到 100 万亩。同时，实施一系列财政金融政策鼓励农户参与土地流转，扶持规模经营主体发展。作为基层公共政策执行主体，基层乡镇政府和村委会实际负责农地流转政策执行，具体有以下工作。

第一，执行上级政府农地流转扶持政策。上级政府在推动农村土地流转时制定了一系列的金融财政扶持政策，这些政策要通过基层乡镇政府和村委会间接作用于农户，如 S 县对该县西南岗地区土地流转达到一定规模的林果、苗木种植户进行补贴，乡镇政府和村委会要负责审核种植户是否满足补贴要求，并直接发放补贴款。

第二，提供基层农地流转中介组织服务。S 县建立了完善的农地流转中介服务组织，县级政府建立了土地产权交易中心，乡镇政府建立土地流转服务中心，行政村建立服务站，村会计或村主任兼任农地流转信息员。由于承担着上级政府的规模经营考核任务，农地流转与乡村干部的工作成绩和奖金挂钩，乡村干部在动员农户参与土地流转时表现得非常积极，均是主动上门服务，宣传政府农地流转政策，劝说农民转出土地。

第三，负责农业项目的招商引资。基层乡镇政府和村两委在制订年度工作计划时，将规模经营主体培育、农业项目引进等作为重要的经济任务，并承担起规模经营主体落地的责任。其中，农业企业引进工作多由乡镇政府招商办负责，村级负责种植大户、家庭农场、合作社等规模经营主体的培育。

第四，代理农户与用地主体的谈判、签约，监督合约执行。为了减少农地流转交易费用，提高农地流转效率，S 县鼓励农地流转实行委托代理制，即由乡镇政府和村委会接受农民的委托，将土地集中流转后再对外租赁。委托代理制下，乡镇政府和村委会负责与用地主体谈判、签约，在租金、流转期限等达成一致的情况下与转出户签订委托流转协议。在租金发放上，规模经营主体统一将租金上缴到乡镇政府或村委会，然后由乡镇政府和村委会发放到农户。乡镇政府和村委会还负责后续的合同管理和监督，解决流转双方的矛盾纠纷。

在多种政策的扶持下，S 县农地流转快速推进。2011 年全县农地流转面积仅占耕地面积的17.7%，2015年农地流转比例达到63%。已流转土地中，仅有4%的土地流转到普通农户，流转到家庭农场、农民合作社和龙头企业的比例分别占21.4%、4.7%和 14.1%。

2015 年 7 月份，课题组在 S 县开展部门访谈、村级问卷和农户问卷等多种形式的农村调研。部门和村级调研主要关注 S 县农地流转和规模经营政策及农地流转实施情况。村级调研对象主要是行政村的村支书或村主任，他们更加了解村里的土地流转情况，也更能代表村集体土地流转政策执行的意志。农户问卷重点关注农民对土地规模流转的认知、参与情况，土地流转面积和租金，土地流转后农户收入变化等，反映农地流转政策下农民土地权益问题。此次调研一共收集到 5 个乡镇 7 个村 199 个农户和 7 个村级样本数据。农户样本中，转出 150 户，转入 29 户，未流转 20 户。调研发现，政府干预下土地权益保护问题比较突出的是转出户，尽管也存在部分转入户土地权益受损现象，如村民干扰转入大户正常生产经营活动、引发冲突等，但这些问题不是由乡村干部政策执行主体导致的，因此，本章未将转入户土地权益保护问题纳入分析范畴。本章主要关注基层农地流转政策执行偏差与转出户的土地权益保护问题，实际分析中主要针对 150 个转出农户和 7 个行政村样本。

10.2　农地流转政策执行偏差与农民土地权益保护问题

10.2.1　街头官僚理论与公共政策执行偏差

Lipsky（1980）将街头官僚界定为处于科层制最底层、与服务对象面对面、具有较大的自由裁量权的一线公共服务工作人员，典型的街头官僚包括警察、社会工作者、公共服务机构的工作人员和收税员等。随后，学者们对街头官僚的内涵和外延多次进行重新界定。威尔逊（2006）将街头官僚称为从事证明组织存在的正当性的业务人员。韩志明（2010）从街头官僚行动空间的角度将其划分为窗口空间、街头空间和社区空间，其中社区空间既指城市居民的社区，也可以扩展至农村居民社区，街头官僚的外延包含农村中的村委会和乡村干部等政策执行人员。因此，本章农地流转政策执行中街头官僚的概念包括基层乡镇政府和村委会。村委会既是村民民主自治组织，也是协助乡镇政府执行国家政策的代理人，在农地流转政策执行中扮演着农地流转政策宣传、动员流转、与农民谈判签约的角色。

街头官僚理论认为，由于政策的模糊性、政策可行性差、政策执行资源的稀缺性，以及执行者自身的素质和利己动机等，街头官僚在面对具体问题时会出现再决策过程（黎浩，2003），决策过程中街头官僚容易表现出激励不足、规则依赖、选择行为和一线弃权等与政策目标相悖的行动逻辑（杨卫玲，2012），即政策执行偏差。激励不足是指由于街头官僚政策执行中缺乏资源保障，执行绩效缺少相应的职位晋升和奖金激励等措施，抑制了对街头官僚的充分激励，街头官僚会产生偷懒、怠工等消极行为，还会在实际政策执行中为了个人利益偏离政策目标。规则依赖是指为了规避政策执行的风险，街头官僚会遵循照章办事的官僚主义行为逻辑，机械式地执行政策。当所执行的规则明显违背了实际情况和公平正义，执行后果会损害公民的合法权益时，街头官僚还是不加甄别地执行规则，表现为执行手段不科学、粗暴式执法等野蛮式政策执行方式（杨卫玲，2012），并侵犯行政客体当事人的合法权益。选择行为是指街头官僚在面对一系列可执行政策时，优先选择那些可以给个人或机构带来好处的任务，而对没有“油水”的任务采取消极怠工和规避责任的态度。选择性政策执行的内容往往包含街头官僚自由裁量权的部分，而这部分权利可能游离在政策合法化的边缘，使得街头官僚可以规避违法嫌疑。一线弃权是指面对紧张而危险的环境，街头官僚为了个人利益经常以巧妙的方式逃离“一线”，采取搪塞、糊弄的方式面对公众的合理需求，逃避本应该履行的责任。

10.2.2 农地流转中农民土地权益的界定

农民土地承包经营权属于用益物权，包括对土地的占有、使用、收益和部分处分等权利。用益物权的法律原则是农民行使相关权能的排他性和独立性，其中内含了农民对土地的民主政治权益和经济物质利益（宋才发，2009）。具体到农地流转中，农民土地权益不仅包括流转收益权，还应当包括农地自主经营权，流转的自主决策权，流转对象、方式的自主选择权，知情权，参与权等。农民自发流转土地时，由于基层政府不直接介入流转过程，不存在政府干预下的农民土地权益保护问题。当农地流转成为实现规模经营的政策手段时，基层乡镇政府和村委会等政策执行主体直接或间接介入农地大规模流转，众多拥有承包经营权的小农户由直接的农地流转主体变为被动的参与者，进而引发小农户土地流转决策权、收益权等土地权益受损问题。

在对 S 县的农户调研中，课题组设计了 9 个问题以反映农地流转中农民土地权益保护现状，如表 10-1 所示。对农户土地权益现状的描述中多是围绕着以下问题展开。

表 10-1　农地流转政策执行中农户土地权益保护问题分类

农户土地权益分类	问题	选项
土地流转自由选择权	土地流转是否自愿	0=否；1=是
	村集体是否要求流转给农户的土地收回来再流转	0=否；1=是
	您觉得目前土地转出面积合适吗	1=转出过多；2=转出少了；3=合适
	土地流转给本村人是否需要得到村集体的同意	0=否；1=是
	土地流转给外村人是否需要得到村集体的同意	0=否；1=是
土地流转收益权	土地流转租金会及时拿到吗	1=会；2=不会，转入户拖延；3=不会，村集体或乡镇拖延
土地流转知情权和参与权	您认为本村土地流转信息、程序是否公开透明	0=否；1=是
	您是否参与土地流转合同内容的起草	0=否；1=是
	您的土地流转知情权、参与权是否满足	1=没有，2=一般，3=很满足

10.2.3　农地流转政策执行偏差与农民土地权益受损问题

基层乡镇政府和村委会在推进农地流转过程中表现出强制性的政策执行、附加式的政策执行及选择性的政策执行等行为逻辑，政策执行偏差侵犯了农民的土地权益。

1. 强制性政策执行剥夺农民土地流转自由选择权

尽管《中华人民共和国农村土地承包法》和 S 县政府下发的文件中都明确农地流转要坚持“依法、自愿、有偿”的原则，要充分尊重农户的主体地位，不能强制农户流转土地。但在具体的政策执行中，村干部为完成上级下达的土地流转任务，往往采取动员、做“思想工作”等强制或半强制措施要求农民流转土地。S 县 7 个村庄的调研中，有 6 个村的领导干部极力推崇农地流转和规模经营，认为土地集中型规模经营是本村实现农业规模经营的主要形式。他们认为目前的流转租金水平已经相当于多数农户的种地收益，对部分不想流转土地的农户表示不理解。因此，为服务于农地流转的大局，动员这类农户参与土地流转是工作的必须。乡村干部以行政权威迫使农户转出土地，普遍存在农民被动流转土地现象，农民土地流转自由选择权受损。许多农户并非自愿参与土地流转，而是迫于乡村干部的行政压力。调研发现，150 个转出户中，有 46 个农户是非自愿参与土地流转，农户不愿意参与土地转出的原因包括土地租金较低、家庭存在剩余劳动力、担心失去土地等。农户土地流转决策是基于农业生产收益与土地租金、非农就业机会成本的多重比较做出的，对于不同类型农户，他们期望的土地租金并不一致。理论而言，存在一个很高的租金标准使得农户全部自愿转出土地。然而，租金过高时将没有农户愿意转入土地。由于大规模流转无法针对不同农户制定差别化的租金，乡村干部制定的土地租金标准往往是基于一般农户种地的收益和成本的比较，未能考虑农户差异。因此，一些对农业收入依赖较强而非农业就业技能较差的农户土地转出面临着很大的机会成本。由于非自愿参与土地转出，他们流转后的总体收入水平将降低。此外，农民自由流转的权利遭到破坏，农地流转权利受到严格限制。政府干预农地流转前，各村普遍存在着农户之间自发的土地流转，这些流转一般发生在亲戚、邻里或本村人之间，有的只是口头约定，或简单地签订非正式的书面合同，没有得到村干部的鉴证。在实施农地流转政策的过程中，部分乡村干部并不认可农户自发的土地流转，甚至不承认这种流转形式，认为农民私下里的流转是非法无效的。当农户之间的自发流转和大规模流转冲突时，村干部便“一刀切”地宣告原有的流转关系失效，组织原流转户参与新的农地流转项目。在农户调研中，14.6%的转出户存在着流转的土地被村集体收回后重新进行出租的现象。尽管也有一些农户是因为租金更高而选择由村集体组织流转，但也有农户是由于土地处于规模流转项目范围之内而被动流转。乡村干部的认识和做法明显违背了国家法律政策对农民自由流转土地的规定，有两方面的原因：一是乡村干部自身法律素质缺失；二是乡村干部为了方便开展农地流转组织工作。农地规模流转以整村整组的形式推进，农民无法自主决定土地流转面积。调研中，3 个村庄的土地在一年中全部由乡镇政府主导完成流转，乡村干部认为全村范围内土地集中后再流转给想种地的农户，可以提高农地规模经营效率。然而，这种提高效率的做法是以损失农民利益为代价的。分析发现，33%的农户认为土地转出面积过大，部分农户希望留足口粮田后再流转土地。农地流转本是农户家庭劳动力分工的自然结果，是农户优化土地和劳动力资源配置的重要途径。然而，农户在基层乡村干部的干预下全部转出土地后，许多农户流转土地后赋闲在家，他们既无法重新耕种土地，也因为缺乏就业技能等难以实现劳动力非农就业，劳动力资源面临着浪费。

2. 附加式的政策执行侵犯农民土地流转收益权

街头官僚在政策执行过程中具有很大的自由裁量权，以应对上级政府抽象的政策法规，或使得原则性的政策可操作化。在行使自由裁量权时，街头官僚会对一些模糊不清、缺少规定的条款“灵活”实施，执行许多附加式的政策（龚春明，2015）。农地流转过程中上级政府的指导原则具有一般性和模糊性，从而给政策执行主体较大的操作空间。由于乡村干部自身认知、理解能力的局限及趋利倾向，政策执行过程偏差可能导致农民土地流转权益受损。

第一，基层政府片面追求农地流转速度和规模，导致大户过大，经营亏损，拖欠农民租金。村级调研发现，S 县大规模的土地流转主要集中在 2012~2013 年，调研的 7 个行政村中，2012~2013 年平均每个行政村每年新增土地流转面积达 4 497 亩，占村庄平均耕地面积的比例高达 64.58%。乡镇政府片面追求土地规模，缺乏对大户经营能力的审核，流转给一些大户的土地面积超过其经营能力。前期流转过程中许多村庄存在农地经营面积在 500 亩，1 000 亩甚至 3 000 亩以上的种植大户，这些大户农地经营很难获利，大部分经营一两年后出现亏损，无法兑现农民土地流转租金。农户调研中，37.3%的农户反映土地流转租金不能按时拿到。

第二，将土地集中连片整理后多出来的土地租金收益收归村集体，土地流转增值收益分配不公。农地集中连片经营后，原有的田埂、渠、小路等整理后多出一部分面积的土地，再加上二轮承包时普遍存在的土地确权面积小于实地面积现象，集体出租给规模经营主体的实际面积要比农户承包地面积平均多出 5%。调研发现，部分村庄将整理后多出的土地流转收益收归村集体，并没有告知农户。例如，其中一个村庄土地流转中增加了 60 亩土地，每年产生 4 万多的增值收益，村集体将这部分收益纳入村级收入进行支配。一些乡镇为鼓励村委会组织土地流转的积极性，也默许了这种做法。然而，村集体的做法存在着不合理之处。尽管法律政策对这部分土地流转收益的分配缺少规定，但按照土地增值收益分配的原则，应当首先按照农地承包经营权的权属进行分配。二轮承包时实测面积与确权面积不符的部分，在新一轮土地确权中应按实际面积确权到农户，这部分土地流转租金应当由农户分享，多出的复垦地不属于农户的承包地，所有权属于集体，流转租金才归村集体，但租金的使用要纳入村集体经济财务管理的范畴。

3. 选择性的政策执行排除农民知情权和参与权

街头官僚执行政策时面临的时间紧、任务重，各种复杂的关系和问题也时常使得他们疲于应付。因此，为了规避责任或提高效率，街头官僚仅仅关注上级政府对绩效目标的考核要求，部分政策执行忽视执行程序的正当性与合法性。S 县倡导农村土地流转采取委托代理制，规定农地委托流转的民主决策机制，即实行村民大会表决制度，90%以上的村民同意就可以连片流转，不同意土地流转的农户以土地置换或县级政府补偿的方式解决。关于农地委托流转的详细实施办法和程序并未做出一般性规定。因此，基层乡镇政府或村集体在不违背农地流转原则的情况下，会选择性地实施农地流转委托代理制，表现为忽视农地流转民主参与决策程序，农地流转信息不公开等。实践中，鲜有村庄以村民大会制度进行土地流转决策。调研的 7 个村庄中，6 个村庄都是直接由村干部或村民代表来表决是否实施土地流转，绝大多数农民没有参与表决。村干部表示 90%以上的村民同意流转这一条件很难实现，更何况动员农民参与决策又要花费时间精力。农地流转合同签订过程中，往往由规模经营主体、乡村干部代表商定土地流转租金，拟定委托流转协议，挨家挨户动员农户签字流转土地，土地流转中农民知情权和参与权并未得到满足。调研发现，仅有 8 户转出户参与过土地流转合同内容的起草，29%的农户认为本村土地流转信息、程序不够公开透明，50%以上的农户认为土地流转过程中自己的知情权和参与权无法得到满足。为提高农地流转组织效率，乡村干部总是尽可能动员农户参与土地流转，而很少实施政策规定的调地安置手段和县级补偿。虽然农民在土地流转过程中得到了租金，但他们却丧失了土地承包经营权的主体资格，最基本的农地流转知情权和参与权也难以得到满足。

10.3 农地流转政策执行偏差的原因

基层乡镇政府和村委会是农地流转政策执行的直接主体，上级政府政策不明确、激励不足和信息不对称，以及政策在决策过程中执行主体认知能力不足、利己动机等，导致农地流转政策执行偏差，进而损害农民土地权益。

10.3.1 农地流转政策本身存在的问题

农地流转政策是基层乡村干部执行农地流转的重要依据。然而，从 S 县制定的农地流转政策来看，政策本身存在缺乏合理性、指导不明确等问题。首先，S 县在没有充分了解本地区农地流转规律的情况下就制定了较激进的农地流转规划目标。例如，S 县于 2011 年提出 2015 年农村土地连片 300 亩以上适度规模经营面积达到 100 万亩，计划培育家庭农场 300 家，专业大户 3 万户。被调研村干部均反映面临着上级政府农地流转和规模经营考核的压力。农地流转本是地方非农经济发展和劳动力向非农业转移后的客观规律，农地流转规模、经营形式等都要由农地流转市场来调节。S 县以定指标、下任务等方式将农地流转指标层层分解，基层乡镇政府和村委会面临着较大的指标压力，实际工作时不得不以行政方式推动农地流转，违背农民意愿。其次，S 县提倡农地流转委托代理制，而对委托流转的要求仍然限于形式主义，如仅规定要充分尊重农民意愿，要有带委托人签名或盖章的土地流转委托书，而对委托代理流转的实施过程和民主决策程序缺少要求。结果是基层乡村干部只关注农地流转的结果，而不重视流转的决策程序，全权主导农地流转合约谈判、协商、签订。最后，S 县将农地流转纳入村民民主决策的范畴有悖于农地承包经营权的物权属性。民主决策机制是以“少数服从多数”的原则对一些公共事务进行表决，以体现村民在农村事务决策管理中平等的权利。然而，物权属性使得所有权人对农地承包经营权具有完整的占有、使用和排他权利，包括自由的农地流转决策权。因此，将农地流转决策纳入村民民主决策的范畴本身违反了《中华人民共和国物权法》，公共政策执行面临着缺乏合法性的问题。

10.3.2 农地流转政策执行主体的激励不足

基层乡镇政府和村委会处于行政管理体系的末端，数量庞大且任务繁重，可支配的资源相对稀缺，面临的事务和资源严重不对等。农地流转和规模经营作为一项任务摊派到乡镇政府和村委会手上，组织动员工作往往由村干部完成，村集体组织土地流转工作需要大量的人力、物力和财力资源，而政府并未对村集体土地流转组织工作进行补贴。S 县村干部的工资水平普遍偏低，村书记、村主任和会计的年工资一般只有 2 万~3 万元，村小组组长更是每年只能拿到 1 000 元左右的工作补贴。此外，S 县农村地区以农业生产为主，二轮承包时普遍将集体预留地发包给农户，村集体缺少其他收入来源，几乎没有集体经济收入。因此，在上级财政缺乏对村集体土地流转组织工作经费扶持的情况下，除了完成一些硬性的指标，如土地流转规模、新型农业经营主体扶持数量等，其他难以纳入考核标准的只好在政策执行中采取“变通策略”，以节省政策执行中的村集体资源。例如，以行政权威强制农民参与土地流转，而忽视上级政策规定的调地安置措施；应付式地执行农地流转委托代理制，未能真正实施农地流转的民主决策和民主参与机制。

10.3.3 政策执行主体的认知和能力无法满足新时期农地流转管理要求

农地流转的政策性很强，很难把握市场规律、评估和化解市场风险，乡村干部可能都不会认真考虑分析这些问题，工作中表现为简单服从或迎合政府农地流转政策目标，简单追求流转速度和流转规模等，工作方式简单粗暴。此外，村干部的年龄较大、受教育程度普遍偏低，对新事物的接受能力较差，为他们理解农地流转的规律和相关政策带来了困难。在对 S 县 41 个村干部的调研中，50 岁以上的村干部占 56.1%，其中，60 岁以上的占到 22%，而 40 岁以下的村干部仅占到 12%。在受教育程度方面，66%的村干部受教育程度在初中及以下，高中及以上的村干部仅占 34%。农地流转政策执行过程中的项目引进、扶持政策、市场交易、合同管理等工作复杂多样，许多工作还需要借助现代网络媒体技术，受制于自身的素质和能力，村干部短时间内难以理解、消化这些政策，工作过程中难免出现纰漏，出现政策执行偏差。

10.3.4 农地流转内外部监督作用的失灵

表面上，村民与基层乡镇政府和村委会是农地流转委托代理关系，农民作为委托人有监督代理人的权利。实际上，由于我国农地产权主体不清晰，农地所有权属于集体所有，农地流转真正的决策权掌握在集体代理人的乡村干部手上，农民只拥有受限的农地流转权利。在农户调研中，57.8%的农户认为土地流转给本村人需要村集体同意，70.8%的农户认为土地流转给外村人需要村集体同意，农户在土地流转权利的认知上也和法律规定的“自愿”流转权利存在偏差，主要原因是村干部对农民土地权利的限制使农民产生了权利不完整的认知。政府干预下，农地流转已经从个人行为上升到了集体行动，村集体实质上的土地所有权主体地位对农地流转决策权的控制表现得更加强势。尽管在村民自治制度中法律赋予村民对村委会的监督权，但实际上村委会是村民会议或村民代表会议的召集人，而让村委会去召集村民来监督自己的农地流转行为更是不现实的。在农地流转政策执行内部民主监督失效的情况下，便有赖于政府外部监督力量的介入。然而，在农地流转政策执行中，基层政府和村委会的目标任务和行为逻辑是一致的，都是过分地关注农地规模经营目标，而忽视农地流转政策执行程序的合法性与合理性。直接的后果是农地流转监督机制的缺失，乡村干部在政策执行中拥有强势的主导权与信息优势，农民土地权益极易受到损害。

10.4 矫正政策执行偏差与保护农民土地权益的政策建议

矫正农地流转政策执行偏差的政策选择，本质上是减少基层乡镇政府和村委会在政策执行过程中自由裁量权的不当行使，规范政策执行者的行为。针对街头官僚政策执行偏差的原因，从政策制定、政策执行者、政策接受者（农民）及政策实施环境等角度提出矫正农地流转政策执行偏差及保护农民土地权益的政策建议。

10.4.1 完善农地流转政策

公共政策的完备性、明晰性和可操作性等有利于减少街头官僚政策执行中的自由裁量权（韩志明，2010），避免出现政策执行偏差。因此，政策制定者应首先关注农地流转政策问题本身，完善农地流转政策。第一，审视政策本身的合法性与合理性，全面纠正农地流转政策与上位法的冲突之处，制定科学合理、切实可行的政策目标，解除政策执行者的矛盾、困惑。第二，制定详细的农地流转政策指导原则或意见，规范基层乡镇政府和村委会的农地流转政策执行程序。农地流转政策制定中，要充分考虑基层政策执行中可能损害农民土地权益的各种问题，如程序合法性问题、利益分配问题等，重点关注政策制定的详细准则，如农地流转委托代理制农民的民主参与、决策和监督程序，农地流转租金的商定办法，实际的农地面积超出农户确权面积部分的租金收益分配问题等。第三，改善农地流转绩效评估体系。绩效考核从对农地流转规模指标的过分关注，转向对工作程序合法性和公众满意度的评价，建立多元化的绩效评估办法，综合反映农地流转政策执行的经济和社会效应。

10.4.2 提高农地流转政策执行主体的能力和素质

街头官僚个人素质和能力是影响公共政策执行效果的重要因素，政策制定者应当更加关注街头官僚本身对政策的理解、消化和执行能力（钱再见和金太军，2002）。农地流转政策执行主体是乡镇公务人员和村干部，他们除了要完成农地流转任务，日常工作中还要处理上级部门许多其他繁杂事务，从而影响他们在农地流转政策执行过程中的专业性和专注度。因此，政策执行初期，上级政府应当加强对政策执行主体的动员培训，加强他们对农地流转政策执行的认同度，提升政策执行认知能力；政策执行中期，上级政府要与基层乡村干部建立常态化的沟通交流机制，及时处理政策执行中的各种问题，纠正政策执行偏差；政策执行后期，上级政府要对农地流转政策执行情况进行总结反馈，增强基层乡村干部对政策执行的理解，探讨优化政策执行效果和提高政策执行效率的路径。针对基层乡村干部政策执行中可能出现违背农民土地流转意愿、侵犯农民土地权益等问题，要增强乡村干部政策执行的民主法律意识和权力服务意识，实现道德规制对乡村干部行为的制约。

10.4.3 增强农民参与农地流转政策的能力

街头官僚从传统的单项式任务执行到多元化群体互动关系的转变是服务型政

府的理念要求，具体而言要建立政策执行者和群众的沟通机制，拓宽民众的参与渠道，接受公众的监督（许玉镇和王颖，2015）。农地流转政策执行中，农民参与和监督机制的架空是其土地权益受损的重要原因。因此，通过提高农民在政策执行中的参与能力，才能有效地保护农民利益。第一，建立多种公示制度，充分保证农地流转政策的公开透明度。除了传统的告示、宣传栏等政策宣传手段，基层政府和村委会要充分利用互联网、电视、广播等现代传媒手段，保证政策信息公开透明。第二，完善与村民的沟通机制，提高村民监督能力。通过信访、听证、现场办公等方式加强与农地流转利益群体的沟通交流，接受群众的质询、监督，保证政策执行建立在民意基础之上。第三，提高农民政策参与的组织化程度。要进一步优化村民自治制度，从自治主体参与、村代表选择、民主参与程序等方面改进村民自治制度，真正实现农民的民主决策和民主管理。此外，还应当允许多样化的农村民间组织，如合作社、非营利组织等相关利益主体参与农地流转政策，发挥农民组织对农地流转政策执行的监督作用。

10.4.4 完善农地流转政策执行的激励机制和约束机制

有效的激励机制和监督约束机制可以降低街头官僚寻租的动机，增加街头官僚寻租的成本，减少他们选择性政策执行和附加式政策执行对公众权益的损害。农地流转政策执行中，应当建立对乡村干部行为有效的激励机制和约束机制，以规避乡村干部的寻租行为。首先，完善农地流转政策执行的激励机制。面对农地流转政策执行中的经费不足、资源短缺问题，可以考虑将政策执行中的支出纳入财政预算范畴，由上级财政转移支付。根据农地流转绩效评价情况和基层乡村干部的行为表现设计相应的奖励和惩罚机制。其次，依托县乡两级农地产权交易服务平台，充分应用电子政务信息技术，规范农地流转项目招投标、竞价交易等过程，公开农地流转政策信息，以提高农地流转政策执行的公开透明度，减少政策执行者与上级政府和村民的信息不对称，有利于对政策执行者的监督。最后，将农地流转租金管理纳入农村“三资”管理范畴，明确租金收入的管理、公示、审批、监管、发放等制度，防止因管理不当导致的租金损耗，减少违法违规克扣、截留农民土地租金的行为。

10.5 政策启示

农村土地资源配置过程中，整个土地制度的设计和安排都体现了行政权力对地权配置的介入，无不受到政府干预政策的影响（程宇，2016）。因此，农地流转中农民土地权益保护问题不仅是产权经济学问题，还是重要的产权政策实践问题。街头官僚理论从基层政策执行者的角度关注政策执行的失真、偏离和变异，为分析农地流转的政策执行偏差提供了理论基础。S 县的案例分析表明，尽管土地所有权、承包权和经营权三权已经实现分置，农民承包经营权实现了流转，但在产权流转的过程中仍受到基层行政的干预，产权的行使和利益分配发生变异。正确的农地流转政策制定仅作用于乡村干部等执行对象，政策最终行使有效与否则依赖于执行者的解读和实践。“自上而下”的农地流转政策制定容易忽视基层农地流转的现状和可实践性，最终导致政策执行变异。街头官僚理论从“自下而上”的角度思考农地流转政策执行偏差现象，充分考虑乡镇政府自身的资源限制、行为逻辑等对政策执行的影响，由此提出政策制定和执行优化的路径。从底层行政单元的视角关注农地流转政策的变革，重塑基层乡镇政府政策执行的能力认知和行为规范，在推进农地规模经营的过程中更有效地保护农民土地权益具有重要的意义。

10.6　本章小结

本章以江苏省 S 县为例，运用街头官僚理论分析基层乡镇政府和村委会的农地流转政策执行偏差与农民土地权益保护问题。研究表明，由于上级政府农地流转政策不明确、激励不足、政策执行者的能力有限和利己动机，以及监督机制的缺失等，基层乡镇政府和村委会农地流转政策执行中表现为强制性、附加式和选择性的政策执行偏差，侵犯了农民土地流转自由选择权、收益权、知情权和参与权等多种土地权益。为了保护农民土地权益、矫正基层政策执行者的行为偏差，本章从农地流转政策制定、政策执行者、农民权益主体及政策实施环境等角度提出相应的政策建议。

第 11 章 基于效率和公平的农地流转政策优化

现阶段我国农地产权主体模糊、市场发育滞缓，而政府推动农地流转可以快速实现农地规模经营水平的提高，但也引发了一系列问题。在现行的土地制度下，我国农地资源具有公共产品的属性，农地流转配置具有市场和政府主导的双重属性，合理界定政府与市场边界、强化农地流转的政策设计，有利于解决农民收入不平等和土地权益受损问题，使市场在土地资源配置中起主导作用，更好地发挥政府作用，对于推进农地流转市场发展，满足农业现代化变革下的农地规模经营需求具有重要意义。本章在前文研究的基础上，首先介绍政府干预农地流转引发的农民收入不平等和土地权益受损问题，其次提出合理界定农地流转中政府与市场的边界的思路，最后从农地流转政策优化和制度完善两方面给出促进农民收入增长和收入平等的政策建议。

11.1 政府干预农地流转引发的农民收入不平等和土地权益受损问题

11.1.1 农民收入不平等问题

农地流转导致的农民收入不平等问题是无法回避的，根源在于市场在资源配置中以效率最大化为主，无法兼顾公平与效率。政府干预农地流转可能纠正农地流转中的市场失灵，实现农地流转市场的公平性，也可能会进一步加剧市场失灵，拉大农户收入不平等程度。实证研究发现，政府尊重农民土地流转的意愿和市场资源配置规律，更好地发挥中介服务作用，既可以弥补农地流转中的市场缺失和高交易成本问题，实现更有效率的农地流转和规模经营，又可以降低农户收入不平等，兼顾农民收入增长和平等的目标。反之，当政府取代农民的市场主体地位，充当农地流转的行政主体时，便会以行政手段推动农地流转，片面追求农地流转的速度和规模经营水平，忽视部分农民的利益，进一步加大农民收入差距。因此，需要探讨合理的政府干预政策措施，规范政府干预行为。

11.1.2 农民土地权益受损问题

农民土地权益是多维度的，既包括使用权和收益权等经济权益，也包括法律约束下的自由处置权和排他性等政治权益。当农地流转完全由市场起决定性作用时，不存在农民土地权益保护问题，政府干预农地流转时才会引起农民土地权益问题。这里的政府既包括制定农地流转政策的中央和省市政府，也包括执行农地流转政策的乡镇基层政府。农地流转中的政府失效相应地内嵌在上级政府政策本身不合理及基层政府政策执行偏差中。农地流转中的农民土地权益问题未必都是行政人员失范问题，还与政策制定和执行者的认知和能力相关，因此，无法通过诉诸行政法从根本上解决政府干预农地流转导致的农民土地权益受损问题，要从加强立法、划定政府职能边界、改革土地产权制度等方面根本性保护农民土地权益。

11.2 合理界定农地流转中政府与市场的边界

政府是对市场的补充，政府干预农地流转的必要条件是农地流转中存在市场失灵。因此，在划定政府与市场边界，明晰政府如何更好地发挥作用时，首先需要明确农地流转中存在的市场失灵，然后针对性地进行政府干预。

11.2.1 农地流转中的市场失灵类型划分

农地流转市场失灵的基本类型包括理想条件下的农地流转市场失灵、正常偏离理想条件下的农地流转市场失灵和非正常偏离理想条件下的农地流转市场失灵。市场的理想条件是指完全自由竞争的市场条件（刘儒和周丽涛，2005），要同时满足市场上有许多生产者、生产的商品具有同质性、所有的生产者都是价格接受者等条件。完全竞争市场是市场的理想化，现实中很少存在完全竞争的市场。总体上，我国农地流转市场尚处于初级阶段，市场化程度和规范性较低（叶剑平等，2010），与完全竞争市场差距很大。但是，农地流转市场的地方差异明显，一些地区已经初步建立健全农地流转有形市场和无形市场，农地流转市场的市场化程度逐步提升（孔祥智等，2010）。因此，结合我国农地流转市场发育情况，重点分析正常偏离理想条件下和非正常偏离理想条件下的农地流转市场失灵。

正常偏离理想条件是指农地流转市场发育较为成熟，但市场条件达不到完全竞争的程度，因而市场机制会由于内部机制不健全和外部制度环境的限制而不能完全发挥功能。正常偏离理想条件下，农地流转市场失灵主要表现为市场风险、社会风险和粮食安全风险等。农地流转的市场风险是指土地流转双方的违约风险。农地流转合同的不规范、双方的机会主义行为，以及流入方因为经营不善而无力支付租金时都会带来违约风险。市场风险演化后，可能传导至社会风险，破坏农村社会的和谐安定局面（姜晓萍和衡霞，2011）。农地流转的粮食安全风险是指农地流转后“非粮化”趋势明显，许多地方农地流转后由传统的水稻、小麦等粮食作物改种瓜果、花卉苗圃等非粮经济作物，部分农地存在“非农化”现象，威胁着我国的粮食安全（黄延信等，2011）。

非正常偏离理想条件下的市场失灵主要是由农地流转市场发育不健全引起的。农地流转市场发育不健全表现为有形市场机制不健全和无形市场机制缺失，导致农地流转市场交易的不规范，流转双方信息不对称及高交易费用，从而进一步阻碍市场发育。农地流转市场交易的不规范表现为农地流转合同的不规范，流转交易多为口头协议，而缺乏规范的市场合同，农地价值未得到显化。农地流转的高交易费用是由于我国的市场中介体系如信息披露、价格机制、政策法规等还不完善，市场中介平台建设滞后，农地流转双方的市场交易活动面临着较高的交易成本，多数市场交易仅发生在村组内的熟人社会中间，阻碍了土地资源在更大范围内的优化配置。

11.2.2 矫正正常偏离理想条件下政府干预边界

矫正正常偏离理想条件下政府干预的主要目的是化解农地流转的市场风险、社会风险和粮食安全风险等，政策手段有土地利用规划和用途管制、市场监管及建立风险保障金制度等。第一，以土地利用规划和用途管制限定农地非农化边界，保护耕地。土地利用规划和用途管制是政府宏观调整土地市场的基本手段，政府为保护耕地，确保国家粮食安全，要以土地利用规划和用途管制约束农地流转市场主体的行为，保证农地流转后土地利用性质不变，保护农民土地承包经营权。第二，加强对市场的监督管理。农地流转市场公平、公开的运行，离不开政府对市场的监督管理。按照市场交易规则的要求，加强对农地流转市场主体行为、市场交易过程、合同执行情况的监督，对违反交易规则的主体和行为要给予惩罚。第三，以财政资金或流转参与主体支付的方式筹集农地流转风险保障金，在出现由自然灾害或市场风险引起的农民租金无法支付或经营大户亏损时，以风险保障金支付农民土地租金或救济大户，化解社会风险，保护农民利益。

11.2.3　矫正非正常偏离理想条件下政府干预边界

矫正非正常偏离理想条件下政府干预应当致力于健全农地流转市场，建立有形和无形的市场机制。首先，要鼓励农地流转中介服务机构的发展，为农地流转提供市场信息、法律政策咨询、合同签订等服务，减少农地市场化流转的交易成本。其次，加强农地流转市场平台和中介组织的宣传，引导农民进入正规流转平台。最后，基层政府要为农民提供规范的合同文本，并积极引导农民签订土地流转合同。对于村集体或其他中介组织代理农民流转土地的行为，也要在合同中约定委托人的权利、义务、违约责任等，以规范土地流转委托代理行为。

11.3　农地流转政策优化和制度完善

为进一步规范农地流转中的政府行为，实现农地流转的资源配置优化效应和农民收入增长，降低农村收入差距，要持续推进土地产权制度、土地流转市场监管制度、土地流转风险防范与保障制度、土地流转财政扶持政策等的建立与完善。

11.3.1　土地产权制度

土地产权制度是农地资源要素配置的基础，安全、完善的土地产权能够促进土地资源的充分流动和价值增值，进而提高资源配置效率（冀县卿和钱忠好，2010）。党的十八大以来，在“两权分离”的基础上，党中央提出农地“三权分置”，提出要坚持土地集体所有权，稳定农户承包权，放活土地经营权（韩长赋，2017a）。关注重点在于明晰集体土地所有权、保护农户承包权、促进农地经营权流转。

首先，产权明晰是承包地流转的前提和基础。当前，农村土地产权制度面临着所有权主体模糊，农地承包经营权的权能不充分、农地权属不清等问题，阻碍了农地流转的市场化进程，需要进一步推进农村土地产权制度改革。因此，应当制定相关法律明确界定集体经济组织的内涵和法律地位，使村集体经济组织成为土地所有权的主体，防止村委会代理集体行使农地所有权时对农户承包经营权的不当干预。此外，还要解决好集体土地所有权的归属问题，以新一轮土地确权为契机，解决部分农地权属不清的历史遗留问题，加快土地承包经营权确权颁证，按照“确权、确地、确利”原则，理顺农地产权权属关系。

其次，加强农户承包权的物权保护。承包地对农户具有重要的社会保障功能和就业功能，任何主体都不能剥夺农户的承包权主体资格和利益。因此，应当对农户承包权施加物权保护，防止集体土地发包方随意收回承包地、篡改发包合同，或限制承包户的合法土地权益。针对法律规定土地承包经营权转让应经发包人同意的规定，应将“许可转让是原则，限制转让是例外”作为“同意权”界定的基本前提，避免发包方对“同意权”的滥用。

最后，赋予农地经营权实质性的权利内容和法律属性。农地经营权除了基本的经营和收益的权利，还应当存在部分处分权，包括再流转、抵押担保、入股、信托等权利（冯淑怡等，2018）。事实上，农地经营权权利内容的扩展与经营权主体的产权保护和经营绩效等密切相关。农地再流转权利可以保证转入户在租赁的土地上的长期投资回收，激励农户长期生产投资；农地抵押担保权利的实现有助于转入户以农地经营权进行抵押贷款，解决农业生产融资难题，降低农业生产的资金成本（韩长赋，2017a）；允许农地经营权入股和信托等可以最大限度地减少经营权配置风险，共建风险共担、收益共享机制，化解农业经营风险。为保护农地经营权主体的权利，还应当赋予其合法的经营权凭证。目前，非正式的农地流转较为普遍，农地流转口头约定且不定期限的比例较高（何欣等，2016），这为农地经营权的保护带来了困难。建议在今后的土地流转过程中，村集体或基层政府要加强土地流转合约的指导，签订规范的土地流转合同，以作为有效的法律凭证。此外，用益物权以登记为生效前提，农地经营权可以采取类似的制度，农地经营权主体应当进行登记，以作为经营权处置的法律依据（冯淑怡等，2018）。

11.3.2 土地流转市场监管制度

基层政府直接干预农地规模流转，固然可以增加农地流转的速度和规模，减少流转的交易费用。但是，政府部门具有计划性、指令性等特点，容易忽视农民意愿搞强制流转，违背市场规律。不恰当的政府干预会造成政府失效，如政府干预的高昂成本，政府官员的寻租、腐败行为等。因此，政府应当将其主要职责严格限定在对市场的监管上。第一，明确监督管理部门的职责。基层农业行政部门负责农民承包地流转相关事务的管理，拥有较为全面的农地流转市场信息，应当明确其市场监管的职责。按照市场交易规则的要求，加强对农地流转市场主体行为、市场交易过程、合同执行情况的监督，对违反交易规则的主体和行为要给予惩罚。第二，加强交易主体资质审核。农地流转对象要具备农业生产经验，农地经营规模要符合经营者的能力。对于工商企业到农村租赁土地的，要严格遵守国家政策对工商资本下乡的要求，引导工商资本从事国家鼓励的农业产业。第三，禁止农地流转后转变农业用途，防止农地过度“非粮化”，保障国家粮食安全。农地承包经营权流转禁止转变农业用途，对于违反国家政策规定的，政府监管部门有责任依法纠正并查处违法行为。为防止农地过度“非粮化”，政府要依据农业产业发展规划对农地流转用途进行审核，保障基本农田等粮食作物的用途。还可以对种植粮食作物的规模经营主体提供财政补贴、信贷支持等优惠政策，提高种植粮食作物的比较收益，防止农地过度“非粮化”。第四，规范农地流转合同管理。合同问题是市场风险、委托代理问题与市场主体机会主义行为产生的重要原因，完善的合同内容可以减少农地流转的不确定性，规范流转双方的权利与义务，维持流转关系的长期稳定。政府除了要完善流转合同的签订、变更、解除、重订等合同管理工作与合同的登记、备案等制度外，还要加强对合同的指导，明确双方的权利与义务，减少双方签订合同时的信息不对称。

11.3.3　土地流转风险防范与保障制度

首先，建立土地流转风险保障基金。可以整合各类涉农补贴建立农地流转风险保障基金，用于转入户农业经营风险补贴、转出户失业救济保障和银行抵押贷款机构风险基金。其次，通过完善农地流转和农业保险及农村社会保障等制度防范市场风险和社会风险。引导农业银行、保险公司等进入农业生产领域，建立政策性的农业保险体系，重点推动保险业在农业保障、防灾减灾中发挥更大的作用。增加对农业保险的补贴力度，扩大农产品保险范围，减少农业生产经营风险，保障规模经营主体长期的经营能力，稳定农地流转合约关系。健全农村社会保障制度，以建立“低水平、广覆盖”的社会保障体制基础框架为目标，针对不同需要、不同工作性质的农民健全相应的保障机制，逐步健全城乡统一的社会保障制度，弱化农地的社会保障功能，减少农民对土地的依赖，稳定农地承包和流转关系。最后，加强农地承包经营纠纷调解仲裁体系建设，建立农地流转风险预防、识别、化解等风险预警和处理机制，及时化解农地流转纠纷带来的社会风险。

11.3.4　土地流转财政扶持政策

土地流转财政扶持政策是政府为健全农地流转市场建设，鼓励农户参与土地流转，加快实现农地规模经营、保障粮食安全、增加农民收入等目标，综合运用补贴、税收和金融等政策对农地流转的交易对象、市场中介机构、农业生产基础设施等提供的支持。土地流转财政扶持政策应坚持以下原则和实施重点。

第一，应避免针对交易对象的直接补贴，转为对农业生产基础设施建设和农业资本投入的间接补贴。研究表明，直接对流转参与主体补贴可能会扭曲农地流转市场，加剧农村内部收入差距，因此，应当加强对农业生产基础设施建设、农业资本投入、土地整治和农业综合开发的补贴力度，鼓励农地经营主体和政府部门共同进行生产投资，以改善土壤质量和农业生产条件，为农户土地流转创造条件。

第二，对农民专业合作社、专业大户和家庭农场等规模经营主体采取税收减免、低息贷款等财政扶持政策，鼓励农地规模经营主体发展。税收优惠和低息贷款政策可以降低农地规模经营主体的生产成本，激励农业生产投资，提高农业生产绩效，从而增加农地转入的市场需求，激活农地流转市场。

第三，现行的农村财政扶持政策也要加强对农村人力资本、教育培训等环节的支持力度，提高转出户人力资本素质，促进转出户非农劳动力转移，以保证转入户农地经营权的稳定性。可以依托村委会成立劳务合作社或劳务服务公司，协调专业大户、家庭农场和农业企业等规模经营主体的用人问题，既满足规模经营主体雇佣劳动力需求，也能够为更多剩余劳动力解决就业问题。针对农村特色产业的人事需要，政府和企业合作培训农村劳动力，提高劳动力就业技能和素质，增强劳动力非农就业的能力。为鼓励离土农户从事小本生意和创业，完善离土农户非农生产的信贷政策，对创业农民购买生产性资产的给予适当补贴，优先解决创业农民经营建设用地问题等。

第四，为扶持农地流转市场建设，加强对市场中介组织的扶持力度。政府可以采取向市场购买服务的方式，为农地流转提供政策咨询、价格评估、合同签订等服务，促进市场中介组织的发展。对立足于农村和农业领域，为农户农业生产、土地流转提供服务的公司或社会组织，应当采取税收减免措施降低这类机构的运营成本，以更好地加快农地流转市场建设。

11.4 本章小结

政府干预农地流转引发农民收入不平等和土地权益受损问题，恰当的政府干预要正确处理政府与市场的关系，合理界定政府干预边界，规范政府行为，并通过农地流转制度设计促进市场发育、化解市场风险，提高农户农业生产比较收益，促进农村劳动力转移，降低农村收入不平等程度。本章在理顺政府干预农地流转过程中农民收入不平等和土地权益受损问题的基础上，将农地流转市场失灵划分为正常偏离理想条件下和非正常偏离理想条件下的农地流转市场失灵，并分别分析了针对两种市场失灵的政府干预边界。从土地产权制度、土地流转市场监管制度、土地流转风险防范与保障制度、土地流转财政扶持政策等方面提出促进土地流转市场发展和兼顾公平与效率的政策建议。

参 考 文 献

埃格特森 T. 1996. 新制度经济学[M]. 吴经邦，李耀，朱寒松，等译. 北京：商务印书馆.

包宗顺. 2009. 土地承包经营权流转的意义、问题与对策[J]. 江苏农村经济，（1）：21-23.

北京天则经济研究所《中国土地问题》课题组. 2010. 土地流转与农业现代化[J]. 管理世界，（7）：66-85，97.

曹瑞芬，张安录. 2015. 中部地区农地流转经济效益分析——基于湖北省27个村313户农户的调查[J]. 中国土地科学，29（9）：66-72.

常向阳，韩园园. 2014. 农业技术扩散动力及渠道运行对农业生产效率的影响研究——以河南省小麦种植区为例[J]. 中国农村观察，（4）：63-70.

陈飞，翟伟娟. 2015. 农户行为视角下农地流转诱因及其福利效应研究[J]. 经济研究，（10）：163-177.

陈会广，刘忠原. 2013. 土地承包权益对农村劳动力转移的影响——托达罗模型的修正与实证检验[J]. 中国农村经济，（11）：12-23.

陈剑波. 2006. 农地制度：所有权问题还是委托-代理问题？[J]. 经济研究，（7）：83-91.

陈强. 2010. 高级计量经济学及 Stata 应用[M]. 北京：高等教育出版社.

陈泉生. 1991. 我国行政命令初探[J]. 法律科学（西北政法学院学报），（3）：22-26.

陈铁，孟令杰. 2007. 土地调整、地权稳定性与农户长期投资——基于江苏省调查数据的实证分析[J]. 农业经济问题，（10）：4-11，110.

陈锡文. 1992. 集体经济、合作经济与股份合作经济[J]. 中国农村经济，（11）：14-16.

陈振明. 2003. 政策科学——公共政策分析导论[M]. 北京：中国人民大学出版社.

程令国，张晔，刘志彪. 2016. 农地确权促进了中国农村土地的流转吗？[J]. 管理世界，（1）：88-98.

程宇. 2016. 嵌入性政治下的地权配置——基于南县农地产权改革的观察[J]. 公共管理学报，13（1）：92-104，157.

崔明明，常伟. 2012. 农村土地流转：公共选择与政府参与[J]. 兰州学刊，（4）：122-127.

戴青兰. 2010. 农地流转中地方政府缺位和越位问题研究[J]. 经济纵横，（12）：23-26.

董国礼，李里，任纪萍. 2009. 产权代理分析下的土地流转模式及经济绩效[J]. 社会学研究，

（1）：25-63，243.
杜明义，赵曦. 2009. 农地租值耗散与农民土地权益保护[J]. 贵州社会科学，（1）：89-94.
杜鑫. 2013. 劳动力转移、土地租赁与农业资本投入的联合决策分析[J]. 中国农村经济，（10）：63-75.
冯淑怡，樊鹏飞，张兰. 2018. 乡村振兴背景下农地经营权的法律化表达[J]. 南京农业大学学报（社会科学版），18（5）：1-10，154.
弗鲁博顿 E，芮切特 R. 2010. 新制度经济学：一个交易费用分析范式[M]. 姜建强，罗长远译. 上海：格致出版社，上海三联书店，上海人民出版社.
高宏伟，靳共元. 2012. 新时期农村土地流转模式比较研究[J]. 生态经济，（4）：91-94.
高梦滔，姚洋. 2006. 农户收入差距的微观基础：物质资本还是人力资本？[J]. 经济研究，（12）：71-80.
郜亮亮，黄季焜. 2011. 不同类型流转农地与农户投资的关系分析[J]. 中国农村经济，（4）：9-17.
郜亮亮，黄季焜，Rozelle S，等. 2011. 中国农地流转市场的发展及其对农户投资的影响[J]. 经济学（季刊），10（4）：1499-1514.
龚春明. 2015. 精致的利己主义者：村干部角色及“无为之治”——以赣东 D 镇乡村为例[J]. 南京农业大学学报（社会科学版），（3）：27-33，122.
郭庆海. 2014. 土地适度规模经营尺度：效率抑或收入[J]. 农业经济问题，35（7）：4-10.
郭云南，姚洋，Foltz J. 2014. 宗族网络与村庄收入分配[J]. 管理世界，（1）：73-89，188.
国家统计局住户调查办公室. 1979. 中国住户调查年鉴[M]. 北京：中国统计出版社.
国家统计局住户调查办公室. 1986. 中国住户调查年鉴[M]. 北京：中国统计出版社.
国家统计局住户调查办公室. 1996. 中国住户调查年鉴[M]. 北京：中国统计出版社.
国家统计局住户调查办公室. 2012. 中国住户调查年鉴[M]. 北京：中国统计出版社.
国家统计局住户调查办公室. 2013. 中国住户调查年鉴[M]. 北京：中国统计出版社.
韩长赋. 2015. 国务院关于稳定和完善农村土地承包关系情况的报告[R]. 第十二届全国人民代表大会常务委员会第十六次会议.
韩长赋. 2017a. 再谈“三权”分置[J]. 农村工作通讯，（23）：5-7.
韩长赋. 2017b. 中国农业发展方式的战略选择[J]. 中国合作经济，（10）：26-27.
韩菡，钟甫宁. 2011. 劳动力流出后“剩余土地”流向对于当地农民收入分配的影响[J]. 中国农村经济，（4）：18-25.
韩俊. 2018. 以习近平总书记“三农”思想为根本遵循 实施好乡村振兴战略[J]. 管理世界，34（8）：1-10.
韩志明. 2010. 街头官僚的空间阐释——基于工作界面的比较分析[J]. 武汉大学学报（哲学社会科学版），63（4）：583-591.
何晓星. 2005. 再论中国地方政府主导型市场经济[J]. 中国工业经济，（1）：31-38.

何欣，蒋涛，郭良燕，等. 2016. 中国农地流转市场的发展与农户流转农地行为研究——基于2013~2015年29省的农户调查数据[J]. 管理世界，（6）：79-89.
贺振华. 2006. 劳动力迁移、土地流转与农户长期投资[J]. 经济科学，（3）：10-18.
胡亦琴. 2008. 农村土地市场化进程中的政府规制研究[D]. 西北农林科技大学博士学位论文.
黄宝连. 2012. 农地产权流转平台及机制研究——以成都为例[D]. 浙江大学博士学位论文.
黄延廷. 2010. 农地规模经营中反租倒包的土地流转方式的必然性[J]. 管理现代化，（2）：47-49.
黄延信，张海阳，李伟毅，等. 2011. 农村土地流转状况调查与思考[J]. 农业经济问题，32（5）：4-9，110.
吉登艳，马贤磊，石晓平. 2014. 土地产权安全对土地投资的影响：一个文献综述[J]. 南京农业大学学报（社会科学版），14（3）：52-61.
冀县卿，钱忠好. 2010. 农地股份合作社农地产权结构创新——基于江苏渌洋湖土地股份合作社的案例研究[J]. 农业经济问题，（5）：77-83，111-112.
贾生华，田传浩，张宏斌. 2003. 农地租赁市场与农业规模经营——基于江、浙、鲁地区农业经营大户的调查[J]. 中国农村观察，（1）：37-45，80.
姜晓萍，衡霞. 2011. 农村土地流转风险的形成机理及外部性研究[J]. 农村经济，（11）：27-30.
焦长权，周飞舟. 2016. “资本下乡”与村庄的再造[J]. 中国社会科学，（1）：100-116.
孔祥智，伍振军，张云华. 2010. 我国土地承包经营权流转的特征、模式及经验——浙、皖、川三省调研报告[J]. 江海学刊，（2）：87-92.
黎浩. 2003. 街头官僚再决策原因分析[J]. 中山大学研究生学刊（社会科学版），24（4）：59-65.
李谷成，冯中朝，范丽霞. 2009. 小农户真的更加具有效率吗？来自湖北省的经验证据[J]. 经济学（季刊），9（1）：95-124.
李孔岳. 2009. 农地专用性资产与交易的不确定性对农地流转交易费用的影响[J]. 管理世界，（3）：92-98，187-188.
李庆海，李锐，王兆华. 2011. 农户土地租赁行为及其福利效果[J]. 经济学（季刊），11（1）：269-288.
李婷，刘建平. 2011. 农业结构调整中农民有效参与分析——基于集体行为的视角[J]. 农村经济，（11）：122-125.
李中. 2013. 农村土地流转与农民收入——基于湖南邵阳市跟踪调研数据的研究[J]. 经济地理，33（5）：144-149.
刘鸿渊. 2010. 农地集体流转的农民收入增长效应研究——以政府主导下的农地流转模式为例[J]. 农村经济，（7）：57-61.
刘儒，周丽涛. 2005. 市场与政府相互替代的不同模式及其特点的比较分析[J]. 当代经济科学，

27（3）：44-48，109.
陆道平，钟伟军. 2012. 农村土地流转中的地方政府与农民的互动机制研究[M]. 北京：清华大学出版社.
陆红. 2012. 政府干预农村土地流转的法律问题研究[D]. 南京农业大学博士学位论文.
陆学艺，李培林，陈光金. 2012. 2013 年中国社会形势分析与预测[M]. 北京：社会科学文献出版社.
罗必良，李尚蒲. 2010. 农地流转的交易费用：威廉姆森分析范式及广东的证据[J]. 农业经济问题，（12）：30-40，110-111.
罗必良，汪沙，李尚蒲. 2012. 交易费用、农户认知与农地流转——来自广东省的农户问卷调查[J]. 农业技术经济，（1）：11-21.
马林靖. 2008. 中国农村水利灌溉设施投资的绩效分析——以农民亩均收入的影响为例[J]. 中国农村经济，（4）：55-62.
马贤磊，仇童伟，钱忠好. 2015. 农地产权安全性与农地流转市场的农户参与——基于江苏、湖北、广西、黑龙江四省（区）调查数据的实证分析[J]. 中国农村经济，（2）：22-37.
马贤磊，曲福田. 2010. 新农地制度下的土地产权安全性对土地租赁市场发育的影响[J]. 中国土地科学，24（9）：4-10.
冒佩华，徐骥. 2015. 农地制度、土地经营权流转与农民收入增长[J]. 管理世界，（5）：63-74，88.
聂建亮，钟涨宝. 2014. 农户分化程度对农地流转行为及规模的影响[J]. 资源科学，36（4）：749-757.
农业部课题组. 2009. 农村土地承包经营权流转调查分析[J]. 农村工作通讯，（5）：36-39.
彭代彦，吴扬杰. 2009. 农地集中与农民增收关系的实证检验[J]. 中国农村经济，（4）：17-22.
戚焦耳，郭贯成，陈永生. 2015. 农地流转对农业生产效率的影响研究——基于 DEA-Tobit 模型的分析[J]. 资源科学，37（9）：1816-1824.
钱再见，金太军. 2002. 公共政策执行主体与公共政策执行“中梗阻”现象[J]. 中国行政管理，（2）：56-57.
钱忠好. 1999. 农地股份合作制产权特征分析及政策启示[J]. 农业经济，（11）：21-23.
钱忠好. 2002. 农村土地承包经营权产权残缺与市场流转困境：理论与政策分析[J]. 管理世界，（6）：35-45，154-155.
曲福田. 2011. 土地经济学[M]. 3 版. 北京：中国农业出版社.
萨缪尔森 P，诺德豪斯 W. 2008. 经济学[M]. 18 版. 萧琛，等译. 北京：人民邮电出版社.
石磊. 2008. 农户承包地规模流转探讨[J]. 经济论坛，（23）：125-127.
石晓平，郎海如. 2013. 农地经营规模与农业生产率研究综述[J]. 南京农业大学学报（社会科学版），13（2）：76-84.
史清华，贾生华. 2003. 农户家庭农地流转及形成根源——以东部沿海苏鲁浙三省为例[J]. 中国经济问题，（5）：41-54.
斯密 A. 1972. 国民财富的性质和原因的研究（上卷）[M]. 郭大力，王亚楠译. 北京：商务印书馆.
宋才发. 2009. 西部民族地区城市化过程中农民土地权益的法律保障[M]. 北京：人民出版社.
孙新华. 2012. 土地流转与农户家计：两种流转模式的比较——基于江西省 T 村的实证调查[J]. 贵州社会科学，（4）：77-83.
孙中华. 2010. 依法促进农民专业合作社健康发展推进农业经营体制机制创新[J]. 中国农民合作社，（7）：13-15.
谭丹，黄贤金. 2007. 区域农村劳动力市场发育对农地流转的影响——以江苏省宝应县为例[J]. 中国土地科学，21（6）：64-68.
谭银清，王钊，陈益芳. 2014. 受教育程度对我国农民收入来源和结构的影响[J]. 西部论坛，24（4）：9-15.
田传浩. 2003. 农地使用权市场：模式、影响因素及其对农地配置效率的影响——理论与来自苏浙鲁地区的经验[D]. 浙江大学博士学位论文.
田传浩，陈宏辉，贾生华. 2005. 农地市场对耕地零碎化的影响——理论与来自苏浙鲁的经验[J]. 经济学（季刊），4（3）：769-784.
田传浩，李明坤. 2014. 土地市场发育对劳动力非农就业的影响：基于浙、鄂、陕的经验[J]. 农业技术经济，（8）：11-24.
田先红，陈玲. 2013. “阶层地权”：农村地权配置的一个分析框架[J]. 管理世界，（9）：69-88.
万广华. 2004. 解释中国农村区域间的收入不平等：一种基于回归方程的分解方法[J]. 经济研究，（8）：117-127.
万广华. 2006. 经济发展与收入不均等：方法和证据[M]. 上海：上海人民出版社.
万广华，张藕香，伏润民. 2008. 1985~2002 年中国农村地区收入不平等：趋势、起因和政策含义[J]. 中国农村经济，（3）：4-15.
万广华，周章跃，陆迁. 2005. 中国农村收入不平等：运用农户数据的回归分解[J]. 中国农村经济，（5）：4-11.
王春超. 2011. 农村土地流转、劳动力资源配置与农民收入增长：基于中国 17 省份农户调查的实证研究[J]. 农业技术经济，（1）：93-101.
王德福，桂华. 2011. 大规模农地流转的经济与社会后果分析——基于皖南林村的考察[J]. 华南农业大学学报（社会科学版），10（2）：13-22.
王建华. 2011. 农村土地规模流转资金补助效果分析[J]. 江苏农村经济，（3）：51-52.
王景新，刘福海. 2007. 农村土地制度改革不能损害农民利益[J]. 中国乡村发现，（1）：124-129.
王俊沣，伍振军. 2011. 农地流转的市场模式与参与方动机解析[J]. 改革，（2）：77-83.

王俊豪. 1994. 新自由主义的政府干预理论及其启示[J]. 经济评论，（3）：35-38.

王康如. 2012. 农村土地股份合作社的运行机制及构建研究——基于典型农场股份合作社[D]. 河南农业大学博士学位论文.

王小映. 2003. 土地股份合作制的经济学分析[J]. 中国农村观察，（6）：31-39.

王月春. 2012. 农地流转中地方政府行为的法律规制[J]. 农业经济，（4）：77-79.

威尔逊 J Q. 2006. 官僚机构：政府机构的作为及其原因[M]. 孙艳，等译. 北京：生活・读书・新知三联书店.

吴爱娣，夏显力，翟黎明，等. 2018. 关中—天水经济区政府主导型农地流转对转出户非农就业的影响——基于DID模型的实证分析[J]. 中国土地科学，32（2）：12-18.

吴鸾莺，李力行，姚洋. 2014. 农业税费改革对土地流转的影响——基于状态转换模型的理论和实证分析[J]. 中国农村经济，（7）：48-60.

伍振军，张云华，孔祥智. 2011. 交易费用、政府行为和模式比较：中国土地承包经营权流转实证研究[J]. 中国软科学，（4）：175-183，174.

邢鹂，樊胜根，罗小朋，等. 2008. 中国西部地区农村内部不平等状况研究——基于贵州住户调查数据的分析[J]. 经济学（季刊），8（1）：325-346.

徐晋涛，陶然，徐志刚. 2004. 退耕还林：成本有效性、结构调整效应与经济可持续性——基于西部三省农户调查的实证分析[J]. 经济学（季刊），（1）：139-162.

徐旭. 2009. 基于农民权益保障的农地市场化流转研究[D]. 四川农业大学硕士学位论文.

徐旭，蒋文华，应风其. 2002. 我国农村土地流转的动因分析[J]. 管理世界，（9）：144-145.

徐玉婷，黄贤金，陈志刚，等. 2016. 农地转入规模扩大有助于农民农业增收吗？——基于中国中部5省农户调查的实证研究[J]. 自然资源学报，31（10）：1624-1636.

许恒周，郭玉燕. 2011. 农民非农收入与农村土地流转关系的协整分析——以江苏省南京市为例[J]. 中国人口・资源与环境，21（6）：61-66.

许庆，田士超，徐志刚，等. 2008. 农地制度、土地细碎化与农民收入不平等[J]. 经济研究，（2）：83-92，105.

许庆，章元. 2005. 土地调整、地权稳定性与农民长期投资激励[J]. 经济研究，40（10）：59-69.

许玉镇，王颖. 2015. 民生政策形成中利益相关者有序参与问题研究——基于协商民主的视角[J]. 政治学研究，（1）：21-31.

薛凤蕊，乔光华，苏日娜. 2011. 土地流转对农民收益的效果评价——基于DID模型分析[J]. 中国农村观察，（2）：36-42，86.

薛庆根，王全忠，朱晓莉，等. 2014. 劳动力外出、收入增长与种植业结构调整——基于江苏省农户调查数据的分析[J]. 南京农业大学学报（社会科学版），14（6）：34-41.

杨德才. 2005. 论我国农村土地流转模式及其选择[J]. 当代经济研究，（12）：49-52，72.

杨钢桥，靳艳艳. 2010. 农地流转对农户农地投入影响的区域比较——基于江汉平原和太湖平原的实证分析[J]. 中国人口・资源与环境，20（10）：164-168.
杨钢桥，靳艳艳，杨俊. 2010. 农地流转对不同类型农户农地投入行为的影响——基于江汉平原和太湖平原的实证分析[J]. 中国土地科学，24（9）：18-23，46.
杨卫玲. 2012. 街头官僚政策执行的失灵及其矫正——基于制度分析的视角[J]. 领导科学，（2）：48-49.
杨渝红，欧名豪. 2009. 土地经营规模、农村剩余劳动力转移与农民收入关系研究——基于省际面板数据的检验[J]. 资源科学，31（2）：310-316.
杨玉敬. 2013. 集体主导型农地流转模式的演化及现实分析[J]. 农业经济，（3）：6-9.
姚洋. 2000. 中国农地制度：一个分析框架[J]. 中国社会科学，（2）：54-65，206.
叶剑平，丰雷，蒋妍，等. 2010. 2008年中国农村土地使用权调查研究——17省份调查结果及政策建议[J]. 管理世界，（1）：64-73.
易小燕，陈印军，孙俊立，等. 2009. 现行农地使用权流转的模式比较及效应评价[J]. 农业科技管理，28（4）：52-55，88.
游和远，吴次芳. 2010. 农地流转、禀赋依赖与农村劳动力转移[J]. 管理世界，（3）：65-75.
游和远，吴次芳，鲍海君. 2013. 农地流转、非农就业与农地转出户福利——来自黔浙鲁农户的证据[J]. 农业经济问题，（3）：16-25，110.
于传岗. 2011. 我国地方政府主导型土地流转模式、流转成本与治理绩效分析[J]. 农业经济，（7）：49-50.
于传岗. 2012. 我国政府主导型农地大规模流转演化动力分析[J]. 农村经济，（10）：31-34.
俞海，黄季焜，Rozelle S，等. 2003. 地权稳定性、土地流转与农地资源持续利用[J]. 经济研究，（9）：82-91，95.
张兵，左平桂. 2009. WUA与农民专业合作组织相互配合的效果评价——基于DID模型分析[J]. 农业技术经济，（1）：98-102.
张红宇. 2002. 中国农地调整与使用权流转：几点评论[J]. 管理世界，（5）：76-87.
张红宇. 2018. 中国现代农业经营体系的制度特征与发展取向[J]. 中国农村经济，（1）：23-33.
张建，诸培新，王敏. 2016. 政府干预农地流转：农户收入及资源配置效率[J]. 中国人口・资源与环境，26（6）：75-83.
张兰，冯淑怡，陆华良，等. 2015. 农地规模经营影响因素的实证研究——基于江苏省村庄调查数据[J]. 中国土地科学，29（11）：32-39，62.
张笑寒. 2008. 农村土地股份合作制的农户收入效应——基于江苏省苏南地区的农户调查[J]. 财经科学，（5）：110-117.
张正河. 2009. 承包权流转不会一蹴而就[J]. 中国土地，（2）：23-26.
赵光，李放. 2014. 养老保险对土地流转促进作用的实证分析[J]. 中国人口・资源与环境，24（9）：118-128.
赵剑治，陆铭. 2009. 关系对农村收入差距的贡献及其地区差异———项基于回归的分解分析[J].

经济学（季刊），9（1）：363-390.
曾福生，唐浩. 2010. 农地流转模式的成因、绩效及发展趋势[J]. 农业经济与管理，（1）：29-37.
曾红萍. 2015. 地方政府行为与农地集中流转——兼论资本下乡的后果[J]. 北京社会科学，（3）：22-29.
中共中央政策研究室，农业部，农村固定观察点办公室. 2017. 全国农村固定观察点调查数据汇编（2010-2015）[M]. 北京：中国农业出版社.
中华人民共和国农业部. 2010. 中国农业统计资料（2009）[M]. 北京：中国农业出版社.
中华人民共和国农业部. 2012.2012 中国农业发展报告[M]. 北京：中国农业出版社.
中华人民共和国农业部. 2019. 中国农业统计资料（2017）[M]. 北京：中国农业出版社.
钟甫宁，纪月清. 2009. 土地产权、非农就业机会与农户农业生产投资[J]. 经济研究，（12）：43-51.
钟甫宁，王兴稳. 2010. 现阶段农地流转市场能减轻土地细碎化程度吗？——来自江苏兴化和黑龙江宾县的初步证据[J]. 农业经济问题，（1）：23-32，110.
钟文晶，罗必良. 2013. 禀赋效应、产权强度与农地流转抑制——基于广东省的实证分析[J]. 农业经济问题，（3）：6-16，110.
朱建军，胡继连. 2015. 农地流转对我国农民收入分配的影响研究——基于中国健康与养老追踪调查数据[J]. 南京农业大学学报（社会科学版），15（3）：75-83.
朱建军，胡继连，安康，等. 2016. 农地转出户的生计策略选择研究——基于中国家庭追踪调查（CFPS）数据[J]. 农业经济问题，（2）：49-58，111.
朱民，尉安宁，刘守英. 1997. 家庭责任制下的土地制度和土地投资[J]. 经济研究，（10）：62-69.
诸培新，金焱纯，代伟. 2011. 区域间农地流转影响因素比较分析——基于江苏省农户调研的实证[J]. 中国土地科学，25（11）：21-26.
诸培新，张建. 2015. 我国农地规模流转中的市场缺陷及政府干预研究[R]. 2014 年中国土地科学论坛——城乡建设用地市场与农牧区土地流转.
诸培新，张建，张志林. 2015. 农地流转对农户收入影响研究——对政府主导与农户主导型农地流转的比较分析[J]. 中国土地科学，29（11）：70-77.
邹薇，张芬. 2006. 农村地区收入差异与人力资本积累[J]. 中国社会科学，（2）：67-79，206.
Adamchik V A，Bedi A S. 2000. Wage differentials between the public and the private sectors：evidence from an economy in transition[J]. Labour Economics，7（2）：203-224.
Adams，Jr. R H. 1999. Nonfarm income，inequality，and land in rural Egypt[R]. Policy Research Working Paper 2178. World Bank，Middle East and North Africa Region Human Development Sector Group.
Arnot C D，Luckert M K，Boxall P C. 2011. What is tenure security? Conceptual implications for

empirical analysis[J]. Land Economics，87（2）：297-331.

Becerril J，Abdulai A. 2010. The impact of improved maize varieties on poverty in Mexico：a propensity score-matching approach[J]. World Development，38（7）：1024-1035.

Beekman G，Bulte E H. 2012. Social norms，tenure security and soil conservation：evidence from Burundi[J]. Agricultural Systems，108（4）：50-63.

Benjamin D，Brandt L. 1997. Land，factor markets，and inequality in rural China：historical evidence[J]. Explorations in Economic History，34（4）：460-494.

Besley T. 1995. Property rights and investment incentives：theory and evidence from Ghana[J]. Journal of Political Economy，103（5）：903-937.

Bhandari P. 2004. Relative deprivation and migration in an agricultural setting of Nepal[J]. Population and Environment，25（5）：475-499.

Brandt L，Huang J，Li G，et al. 2002. Land rights in rural China：facts，fictions and issues[J]. China Journal，47：67-97.

Brasselle A S，Gaspart F，Platteau J P，et al. 2002. Land tenure security and investment incentives：puzzling evidence from Burkina Faso[J]. Journal of Development Economics，67（2）：373-418.

Carter M R，Yao Y. 1999. Specialization without regret：transfer rights，agricultural productivity，and investment in an industrializing economy[R]. World Bank Policy Research Working Paper，No. 2202.

Carter M R，Yao Y. 2002. Local versus global separability in agricultural household models：the factor price equalization effect of land transfer rights[J]. American Journal of Agricultural Economics，84（3）：702-715.

Coase R H. 1960. The problem of social cost[J]. Journal of Law and Economics，3（10）：1-44.

de Brauw A，Huang J K，Rozelle S，et al. 2002. The evolution of China's rural labor markets during the reforms[J]. Journal of Comparative Economics，30（2）：329-353.

Deininger K，Byerlee D. 2012. The rise of large farms in land abundant countries：do they have a future ?[J]. World Development，40（4）：701-713.

Deininger K，Feder G. 2009. Land registration，governance，and development：evidence and implications for policy[J]. The World Bank Research Observer，24（2）：233-266.

Deininger K，Jin S Q. 2005. The potential of land rental markets in the process of economic development：evidence from China [J]. Journal of Development Economics，78（1）：241-270.

Deininger K，Jin S Q. 2006. Tenure security and land-related investment：evidence from Ethiopia[J]. European Economic Review，50（5）：1245-1277.

Deininger K，Jin S Q. 2009. Securing property rights in transition：lessons from implementation of

China's rural land contracting law[J]. Journal of Economic Behavior & Organization，70（1/2）：22-38.

Deininger K，Jin S Q，Nagarajan H K，et al. 2008. Efficiency and equity impacts of rural land rental restrictions：evidence from India[J]. European Economic Review，52（5）：892-918.

Dye T R. 1992. Understanding Public Policy[M]. Englewood Cliffs：Prentice Hall.

Feng S，Heerink N. 2008. Are farm households' land renting and migration decisions inter-related in rural China?[J]. NJAS Wageningen Journal of Life Sciences，55（4）：345-362.

Feng S，Heerink N，Ruben R，et al. 2010. Land rental market，off-farm employment and agricultural production in southeast China：a plot-level case study[J]. China Economic Review，21（4）：598-606.

Gao L，Huang J，Rozelle S. 2012. Rental markets for cultivated land and agricultural investments in China[J]. Agricultural Economics，43（4）：391-403.

Hayes J，Roth M，Zepeda L. 1997. Tenure security，investment and productivity in Gambian agriculture：a generalized probit analysis[J]. American Journal of Agricultural Economics，79（2）：369-382.

Huang J，Gao L，Rozelle S. 2012. The effect of off-farm employment on the decisions of households to rent out and rent in cultivated land in China[J]. China Agricultural Economic Review，4（1）：5-17.

Ito J，Bao Z，Ni J. 2016. Land rental development via institutional innovation in rural Jiangsu，China[J]. Food Policy，59：1-11.

Jacoby H G，Li G，Rozelle S. 2002. Hazards of expropriation：tenure insecurity and investment in rural China[J]. American Economic Review，92（5）：1420-1447.

Jin S，Deininger K. 2009. Land rental markets in the process of rural structural transformation：productivity and equity impacts from China[J]. Journal of Comparative Economics，37（4）：629-646.

Jin S，Jayne T S. 2013. Land rental markets in Kenya：implications for efficiency，equity，household income，and poverty[J]. Land Economics，89（2）：246-271.

Kemper N，Ha L V，Klump R. 2013. Property rights and consumption volatility：evidence from a land reform in Vietnam[J]. World Development，71：107-130.

Khan A R. 1993. The determinants of household income in rural China[C]//Keith G，Zhao R W. The Distribution of Income in China. London：Macmillan Press：95-115.

Kimura S，Otsuka K，Sonobe T，et al. 2011. Efficiency of land allocation through tenancy markets：evidence from China[J]. Economic Development and Cultural Change，59（3）：485-510.

Kochar A. 1997. Does lack of access to formal credit constrain agricultural production? Evidence from the land tenancy market in rural India[J]. American Journal of Agricultural Economics，79（3）：754-763.

Kung J K. 2002. Off-farm labor markets and the emergence of land rental markets in rural China[J]. Journal of Comparative Economics，30（2）：395-414.

Lerman R I，Yitzhaki S. 1985. Income inequality effects by income source：a new approach and applications to the United States[J]. The Review of Economics and Statistics，67（1）：151-156.

Lewis W A. 1954. Economic development with unlimited supplies of labor[J]. The Manchester School，22（2）：139-191.

Lipsky M. 1980. Street-Level Bureaucracy：Dilemmas of the Individual in Public Services[M] . New York：Russell Sage Foundation.

Liu Z M，Rommel J，Feng S Y，et al. 2017. Can land transfer through land cooperatives foster off-farm employment in China?[J]. China Economic Review，45：35-44.

Liu Z X，Liu L M. 2016. Characteristics and driving factors of rural livelihood transition in the east coastal region of China：a case study of suburban Shanghai[J]. Journal of Rural Studies，43：145-158.

Lokshin M，Sajaia Z. 2004. Maximum likelihood estimation of endogenous switching regression models[J]. Stata Journal，4（3）：282-289.

Ma X L，Heerink N B，van Ierland E C，et al. 2013. Land tenure security and land investments in northwest China[J]. China Agricultural Economic Review，5（2）：281-307.

Macours K，de Janvry A，Sadoulet E. 2010. Insecurity of property rights and matching in the tenancy market[J]. European Economic Review，54（7）：880-899.

Mendola M. 2007. Agricultural technology adoption and poverty reduction：a propensity-score matching analysis for rural Bangladesh[J]. Food Policy，32（3）：372-393.

Minale L. 2018. Agricultural productivity shocks，labour reallocation and rural-urban migration in China[J]. Journal of Economic Geography，18（4）：795-821.

Morduch J，Sicular T. 2002. Rethinking inequality decomposition，with evidence from rural China[J]. The Economic Journal，112（476）：93-106.

Noltze M，Schwarze S，Qaim M. 2013. Impacts of natural resource management technologies on agricultural yield and household income：the system of rice intensification in Timor Leste[J]. Ecological Economics，85（2）：59-68.

Place F，Hazell P. 1993. Productivity effects of indigenous land tenure systems in sub-Saharan Africa[J]. American Journal of Agricultural Economics，75（1）：10-19.

Qin P，Xu J. 2013. Forest land rights，tenure types，and farmers investment incentives in China：an empirical study of Fujian Province[J]. China Agricultural Economic Review，5（1）：

154-170.

Rosenbaum P R，Rubin D B. 1984. Reducing bias in observational studies using subclassification on the propensity score[J]. Journal of the American Statistical Association，79（387）：516-524.

Shen Y，Yao Y. 2008. Does grassroots democracy reduce income inequality in China[J]. Journal of Public Economics，92（10）：2182-2198.

Shi X. 2007. Away from the farm? The impact of off-farm employment on farm production，factor market development and the sustainable land use in Jiangxi Province，PR China[R]. Rotterdam：International Institute of Social Studies of Erasmus University（ISS）.

Shi X，Chen S，Ma X，et al. 2018. Heterogeneity in interventions in village committee and farmland circulation：intermediary versus regulatory effects[J]. Land Use Policy，74：291-300.

Shi X，Heerink N，Qu F. 2007. Choices between different off-farm employment sub-categories：an empirical analysis for Jiangxi Province，China[J]. China Economic Review，18（4）：438-455.

Shi X，Heerink N，Qu F. 2011. Does off-farm employment contribute to agriculture-based environmental pollution? New insights from a village-level analysis in Jiangxi Province，China[J]. China Economic Review，22（4）：524-533.

Shorrocks A，Wan G. 2005. The spatial decomposition of inequality[J]. Journal of Economic Geography，5（1）：59-81.

Smith R E. 2004. Land tenure，fixed investment，and farm productivity：evidence from Zambia’s southern province[J]. World Development，32（10）：1641-1661.

Tan S，Heerink N，Kuyvenhoven A，et al. 2010. Impact of land fragmentation on rice producers’ technical efficiency in south-east China[J]. NJAS Wageningen Journal of Life Sciences，57（2）：117-123.

Wan G H，Cheng E. 2001. Effects of land fragmentation and returns to scale in the Chinese farming sector[J]. Applied economics，33（2）：183-194.

Woolridge J M. 2002. Econometric Analysis of Cross Section and Panel Data[M]. Cambridge：MIT Press.

Wu Z P，Liu M Q，Davis J. 2005. Land consolidation and productivity in Chinese household crop production[J]. China Economic Review，16（1）：28-49.

Yao Y. 2000. The development of the land lease market in rural China[J]. Land Economics，76（2）：252-266.

Yao Y. 2001. Egalitarian land distribution and labor migration in rural China[R]. China Center for Economic Research Working Paper Series，NO.E2001007.

Zhang J，Mishra A K，Zhu P. 2021. Land rental markets and labor productivity：evidence from rural China[J]. Canadian Journal of Agricultural Economics/Revue Canadienne D’Agroéconomie，

69（1）：93-115.

Zhang Q F. 2008. Retreat from equality or advance towards effciency? Land markets and inequality in rural Zhejiang[J]. The China Quarterly，195（1）：535-557.

Zhang Q F，Ma Q G，Xu X. 2004. Development of land rental markets in rural Zhejiang：growth of off-farm jobs and institution building[J]. The China Quarterly，180（1）：1031-1049.

Zhang Y，Wang X，Glauben T，et al. 2011. The impact of land reallocation on technical efficiency：evidence from China[J]. Agricultural Economics，42（4）：495-507.